노자의 인간학

비움으로써 채우는 천년의 지혜, 노자 도덕경

The Anthropology of Lao-tzu

김종건 지음

다연
초링

공자는 노자와 만난 뒤 제자들에게 이렇게 말했다.
"새가 날아다니고, 물고기는 헤엄치며,
짐승이 달린다는 것은 나도 잘 알고 있다.
그러나 용은 바람과 구름을 타고 하늘을 날아오른다고 하니,
나로서는 용의 실체를 알 수가 없다.
나는 오늘 노자를 만났는데,
마치 용과 같아 전혀 잡히지 않는 사람이었다."

– 사마천 『사기』,「노장신한열전」 중에서

삶은 한낮의 꿈과 같은 찰나의 시간입니다. 사람은 수천 년 전이나 지금이나 태어나서 늙고 병들어 죽는 생로병사의 한계를 벗어나지 못합니다. 그렇기에 시간을 무의미하게 보내는 것은 삶에 대한 예의가 아니지요. 그러나 인생은 도통 바라는 대로 흘러가주지 않고, 인간은 바람에 나부끼는 깃발처럼 쉽사리 흔들립니다. 이는 자신이 무엇을 모르는지 모르기 때문이며 동시에 자신이 많은 것을 안다고 착각하기 때문이기도 합니다.

그래서 많은 이들이 고전과 경전에서 해결책을 찾습니다. 인간의 마음을 잘 헤아리고 삶의 등불을 밝혀준 과거 성현들의 지혜에 귀를 기울이는 것입니다. 그러나 문제는 읽는 데 그

치는 경우가 대부분이라는 점이지요. 독서는 어떠한 형태로든 삶을 변화시켜야만 의미가 있습니다. 하지만 그런 사람은 아주 소수에 불과합니다.

『노자의 인간학』은 성현들의 성현이라 불리는 노자의 『도덕경』을 현대인의 삶에 적용하여 변화를 이끌어내는 과정을 담은 소설 형식의 인문서입니다. 『도덕경』에 담긴 오천 자의 지혜를 하나의 이야기로 탄생시켜 노자 사상을 알기 쉽고 자연스럽게 녹여냈습니다. 단순한 구조로 전개되는 이야기지만 깊이 있는 단순함이 곧 노자의 철학이기도 하지요.

하지만 『도덕경』은 도가사상 학자들 사이에서도 해석이 분분한 작품입니다. 다양한 해석은 각자의 독자적인 시각을 갖는다는 점에서 가치가 있을 수 있지만, 현대를 배경으로 한 소설로의 변환 과정에서 일부분 자의적인 해석이 담기는 것은 피할 수 없을 것입니다.

그러나 모든 거짓됨과 인위적인 것을 거부하려는 '무위(無爲)' 사상이 『도덕경』의 핵심을 이룬다는 점에는 모든 해석이 일치합니다. 그렇기에 『노자의 인간학』 역시 인위적인 삶에서 벗어나 삶의 근본과 일체를 이루고 무위로 향하는 과정을 중점적으로 다루고 있습니다.

노자 철학은 어느 시대, 어떤 장소에서도 의미가 통하는 진리를 품고 있습니다. 시처럼 함축적인 메시지는 수많은 생각의 씨앗이 되어 2,500년 후의 현대인의 일상생활에도 깊이 스며드는 힘을 갖고 있지요. 여러분이 이 책을 통해 어떤 형태로든 삶을 변화시킬 수 있다면 그보다 더 보람 있는 일은 없을 것입니다. 자, 이제 우리의 주인공이 어떻게 삶의 변화를 이끌어내고 있는지 그의 이야기를 따라가 봅시다.

| 3장 |
현명한 사람은
빛나되 눈부시지 않다

| 4장 |

깨달음,
그리고 다시 다가온 말들

1장

어리석은 사람은
도를 들으면 크게 비웃는다

남을 아는 것은 총명한 것이나,
나 자신을 아는 것은 진정 지혜로운 것이다.

삶의 의미를 잃어버리다

그 무렵 나는 무척 피곤하고 힘든 생활을 하고 있었다. 무기력하고 소극적이었으며, 어떤 것에도 의미를 느끼지 못했다. 만약 운이 나빴다면 모든 것을 포기한 채 깊은 어둠 속에서 평생 삶을 저주하며 살았을지도 모른다. 나는 내가 짊어진 것을 다른 사람에게 모두 떠넘기고 싶었다. 몇 달, 아니 며칠만이라도 주변 사람과 일에서 벗어나 철저하게 분리된 생활을 하고 싶었다. 그러나 세상은 내 고통 따위에는 전혀 신경 쓰지 않았다. 오히려 내가 사회에서 이탈할수록 더 잘 굴러가는 것처럼 보였다. 세상은 내가 동전의 앞면을 보여주면 뒷면을 보여달라고 했고 뒷면을 보여주면 이젠 됐으니 다른 동전을 가져오라고 했다. 누군가는 내 축 처진 어깨를 짓밟고 더 높은 곳으로 올라갔다. 언제나 이런 식이었다. 내 기호나 상황은 전혀 고려되지 않았다. 나는 좌절했다.

아무도 없는 곳에서 아무 생각도 하고 싶지 않았지만 그마저도 할 수 없는 처지였다. 그저 살기 위해 꾸역꾸역 달렸다. 의지할 곳 하나 없이 달리다 보니 쉬는 법도 잊어버렸고, 만약 여기서 멈추면 모든 것이 무너져버릴 것만 같았다. 그래서 그냥 계속 달렸다. 남몰래 울기도 했지만 결코 멈추지는 않았다. 아니, 멈출 수가 없었다. 어디로 가는지, 왜 달리는지도 몰랐다. 사실상 길을 잃은 것이나 마찬가지였다.

유일한 위안은 퇴근 후 마시는 맥주였다. 주량도 약하면서 매일 안주도 없이 서너 캔을 마셨다. 취기가 오르면 이런 생각을 했다.

'도대체 왜 이렇게 사는 게 힘들지?'

맥주가 목구멍을 타고 내려가는 확실한 감각처럼 삶이 왜 이렇게 힘든지 명확히 알고 싶었다. 물론 내가 모르는 것은 그것 말고도 많았다.

'왜 세상에 태어나서 이렇게 힘든 삶을 살아가야 하는지, 어쩌다 가정을 꾸려서 아이를 둘이나 갖게 됐는지, 월급 말고도 회사에 다닐 다른 이유가 있는지, 언제까지 이런 날들이 계속

될지······.'

답 없는 고민들이 머릿속을 헤집었다. 도무지 뭐가 뭔지 알 수 없어 속이 메슥거렸다. 크게 구역질을 해서 걸쭉한 가래침이라도 뱉고 싶었다.

'이게 슬럼프인가?'

그럴지도 모른다. 누구에게나 이런 시기가 찾아오는 게 아닐까. 겨울이 지나 봄이 오고, 새벽이 오기 전에 가장 깊은 어둠이 활개 치듯이 단순히 일시적인 감정일 수도 있다. 시간이 지나면 모든 게 좋아질 거라며 애써 자신을 위로했다.

'곧 좋은 날이 올 거야.'

나는 빈 맥주 캔을 찌그러뜨리고는 다시 새로운 캔을 땄다. 캔을 딸 때 '딸깍' 하는 소리가 왠지 무겁고 둔탁하게 들렸다.

나는 넥타이도 풀지 않은 채 식탁에 앉아 맥주를 마시고 있다. 안주도 없고 이야기 상대도 없다. 오히려 그게 편했다. 누군가와 함께 마시면 먹고 싶지 않아도 마셔야 하고, 말하고 싶지 않아도 말해야 하니까.

맥주 세 캔을 찌그러뜨리고 초점 없는 눈으로 멍하니 앉아 있을 때쯤, 방에서 아내가 나왔다.

"오늘도 마셔요?"

그녀는 맞은편에 앉으면서 말했다.

"애들은?"

"조금 전에 잠들었어요."

"당신도 들어가서 자. 나는 좀 더 마실게."

나는 넥타이를 느슨하게 풀고 맥주를 목 안으로 흘려 넣었다. 아내는 그런 나를 바라보면서 손가락으로 식탁을 몇 번 두드리더니 자리에서 일어났다. 내가 고개를 숙이고 캔을 반쯤 비우는 동안 아내는 쟁반에 맥주잔과 간단한 안줏거리를 담아 식탁에 올려놓았다.

아내는 초등학교 교사다. 나는 아내와 결혼한 걸 후회하지 않는다. 초등학교 1학년인 예쁜 첫째 지민이와 유치원에 다니는 네 살 재롱둥이 둘째 재인이의 교육을 도맡아 하면서도 불평한 번 없이 가정을 꾸려온 아내다. 하지만 요즘은 아내와 아이들이 주는 기쁨보다 나 자신과 회사에서 받는 스트레스가 더 크다.

"당신 요즘 힘들어 보여요. 회사에 무슨 일 있어요?"

아내는 잔에 천천히 맥주를 따른 다음 살짝 입술만 적셨다. 아내는 술을 좋아하지 않는다. 그녀는 안경 너머의 사려 깊은 눈으로 나를 관찰하며 내 대답을 기다렸다.

"모든 게 힘들어. 왜 사는지 모르겠어. 일도 손에 안 잡혀. 이제 곧 인사 개편 시즌인데 큰일이야. 동기 중에서 내가 제일 늦은 편이라 이번에도 누락되면 안 되는데……."

나는 땅콩 껍질을 벗겨 쟁반에 놓았다. 예상과는 달리 바스락 하는 기분 좋은 소리가 나지 않았다. 땅콩은 눅눅했다. 오래된 고무를 씹는 것 같았다.

주위는 조용했다. 아이들은 잠들었고 TV는 꺼져 있다. 베란다 건너편으로 보이는 앞 동의 조명도 꺼졌다. 눅눅한 땅콩을 씹는 소리와 벽시계의 규칙적인 초침 소리만 들렸다.

"주말 동안 푹 쉬면서 생각을 정리해요. 다행히 이번 주말에는 특별한 스케줄도 없으니."

아내는 구운 오징어를 잘게 찢어 쟁반에 가지런히 늘어놓았다.

"그래서 말인데……, 당분간 회사를 쉬는 건 어떨까? 회사 다닌 지도 이제 8년이 넘었어. 내게 안식년을 주고 싶어."

나는 솔직하게 말했다. 아내는 당연히 반대할 것이다. 내가 일을 그만두면 초등학교 교사인 아내의 월급만으로는 도저히 생활이 불가능하다. 부모님 용돈에 동생 학비, 생활비, 대출이자, 교육비, 관리비, 공과금, 통신비, 보험료 등 내가 봐도 회사를 그만두는 건 미친 짓이다.

예상대로 아내는 반대했다. 예상했음에도 딱 잘라 말하니 왠지 서운했다. 세상에 나를 위로해주는 사람이 한 명도 없는 것 같았다. 나는 고개를 숙였다. 어쩌면 내가 원한 것은 따뜻한 위로의 말 한마디였는지도 모른다.

"이젠 정말 지쳤어. 쉬고 싶어. 당장 사표라도 내고 싶다고."

나는 긴 한숨을 내쉬면서 아내에게 들릴 듯 말 듯한 목소리로 말한 뒤 숙였던 고개를 뒤로 젖혀 남은 맥주를 모두 비웠다. 그러고는 한 캔을 더 땄다.

"어쨌든 일을 그만두는 건 절대 안 돼요."

그녀는 물러서지 않았다.

나는 진흙탕에 빠진 사람처럼 처참한 표정을 지었다. 그날 아내와 나는 냉장고에 있는 맥주를 모조리 비웠다. 정신을 차리고 보니 식탁 위에는 찌그러진 빈 캔이 무덤처럼 수북이 쌓여 있었다. 주량을 한참 넘게 마셨지만 이상하게도 취하지 않았다. 취하고 싶었지만 그마저도 내 의지대로 되지 않았다.

벽시계는 새벽 2시를 가리켰다. 옷을 갈아입고 욕실에 들어가 거울에 비친 내 모습을 천천히 살펴봤다. 얼굴은 푸석했고, 머리 군데군데에 새치가 나서 제 나이보다 몇 년은 늙어 보였다. 몸은 더 엉망이다. 아랫배는 보기 흉하게 튀어나왔고, 그에 비해 팔다리는 비정상적으로 가늘었다. 마치 E.T 같았다.

'어쩌다 이 지경이 됐을까.'

자괴감을 느끼면서 침대에 쓰러지듯 누웠지만 잠은 오지 않았다. 그때 아내가 가방에서 문서를 하나 꺼내 내게 건넸다.

"이거라도 읽어봐요."

아내가 준 것은 프린터로 출력한 문서였다. 대략 열 장 정도였다. 건성으로 종이를 넘기면서 읽어보려 했지만 제목을 제외하고는 온통 한자뿐이었다.

"나 공대 나온 거 몰라? 한자는 한 글자도 읽을 수 없다고."

아내는 말이 없었다. 나는 다시 말을 걸었다.

"오천 자의 지혜라니, 그럼 이 문서에 적힌 한자가 전부 합치면 오천 자라는 거야?"

유일하게 한글로 된 부분이 '오천 자의 지혜'였다. 나는 아내 쪽으로 몸을 돌려 문서에 대해 더 물어보려 했지만 아내는 이미 눈을 감고 있었다. 잠든 척하는 것인지도 모른다. 어쨌든 더 이상 말하고 싶지 않다는 의사 표시다.

일어나서 맥주를 더 마실까 고민했지만 생각해보니 남은 술이 없었다. 편의점에 가는 건 귀찮았다. 그냥 침대에 누워 아내가 준 문서의 한자를 세어보기로 했다. 정말 딱 오천 자인지 궁금했다. 첫 장부터 차근차근 세어나갔다. '하나, 둘, 셋, 넷, 다섯, 여섯⋯⋯.' 결국 백을 넘기지 못하고 잠에 빠져들었다. 그 한자의 의미가 무엇인지도 모른 채.

인간이라는 존재

　살다 보면 전혀 예상치 못한 사건으로 인해 인생의 노선이 바뀌기도 한다. 자의적일 때도 있고 타의적일 때도 있다. 당연한 이야기겠지만 그 변화는 좋은 결과로 나타날 수도 있고 나쁜 결과로 나타날 수도 있다. 물론 좋은 결과와 나쁜 결과를 동시에 가져올 수도 있다.

　어제 마신 술과 일주일 동안 쌓인 피로 탓에 나는 점심 무렵에 겨우 눈을 떴다. 아이들은 내 헝클어진 머리카락을 보면서 게으름뱅이라고 놀렸다.

　아내가 차려준 점심을 먹는 둥 마는 둥 한 뒤 아이들과 영화관에 갔다. 영화가 시작되고 아이들이 조용해진 다음에야 나는 의자 깊숙이 몸을 눕혔다. 눈을 감고 귀를 닫고 한동안 암흑 속에 나를 파묻었다. 시간이 얼마나 흘렀을까. 갑자기 누군가 나를 흔들어서 번뜩 정신을 차렸다. 지민이었다.

"아빠, 영화관에서 코를 골면 어떡해!"

심지어 침까지 흘리면서 자고 있었다. 오전까지 잤는데도 피곤이 가시질 않는 걸 보니 몸의 문제가 아니라 마음에 문제가 있는 것 같았다.

스크린에는 아이들이 좋아하는 캐릭터가 나타났다 사라지기를 반복했다. 나는 의문이 들었다. 과연 스크린 속 캐릭터는 어떻게 생겨난 것일까. 그들은 누구 때문에, 무엇 때문에 자신의 역할을 열심히 수행하고 있는 걸까. 그러다 문득 이런 생각이 들었다.

'그렇다면 나는? 나는 무엇 때문에 아이들과 여기에 있는 걸까. 나는 대체 어디에서 왔고, 이제 어디로 가야 하는 걸까.'

나는 깊은 한숨을 쉬었다. 불현듯 나의 존재, 본질을 생각했다.

'아, 도대체 나는 누구란 말인가. 이렇게 보고, 듣고, 생각하고, 느끼는 나는 무엇인가.'

나는 극도의 혼란을 느꼈다. 아무리 생각해도 자신을 제대로 정의할 수 없었다. 수십 년을 살아왔음에도 내가 누구인지 정확히 설명할 수 없다니, 암담했다. 나는 그저 '물리적인 나'

와 '정신적인 나'가 하나로 뭉뚱그려진 지극히 모호한 존재일 뿐이다.

"아빠! 이제 가야지."

재인이가 나의 손을 잡아끌었다. 스크린에는 엔딩 크레디트가 올라가고 있었다.

극장을 나와서도 생각은 멈추지 않았다. 내가 세상에 존재하는 것 자체가 신기하게 느껴졌다. 사람은 무슨 이유로 이 세상을 정처 없이 떠돌고 있을까.

일찍이 수학자 라이프니츠Leibniz Gottfried Wilhelm는 이렇게 말했다. '왜 세상에는 아무것도 없지 않고 무엇인가가 존재하는가.' 철학자 비트겐슈타인Ludwig Wittgenstein도 비슷한 말을 했다. '신비한 것은 세상이 어떠한가가 아니라, 세상이 존재한다는 그 자체다.'

나는 라이프니츠와 비트겐슈타인이 말한 존재의 물음처럼 내 존재에 대해 생각했다. 따지고 보면 세상이 존재하는 이유와 내가 존재하는 이유는 궁극적으로 같은 물음이다. 이런 생각을 하자 주변의 모든 사물이 신기하게 보였다.

'어떻게 이 모든 것이 존재하고 있지?'

정말 궁금했다. 생각할수록 알고 싶어 미칠 것 같았다. 그러나 이러한 궁금증은 그저 궁금증으로만 남겨질 뿐이다. 나는 그저 무지하고 단순한 한 명의 인간이다. 태어났다는 이유만으로 그저 살아가야 하는 무력한 존재다.

"아빠 왜 그래? 무슨 생각을 그렇게 해?"

지민이가 동그란 눈을 깜빡이며 물었다.

"음, 아빠는 지금 그러니까…… 존재의 본질에 대해서……음, 그게 아니고…… 사실대로 말하자면…….."

나는 얼버무렸다.

"뭐라고?"

재인이가 고개를 갸우뚱하면서 물었다. 나는 머리를 세차게 흔들었다.

"아무것도 아니야."

마침 서점 앞을 지나는 중이어서 아이들에게 보고 싶은 책을 한 권씩 골라오면 사주겠다고 말했다. 아이들은 손을 잡고 깡충깡충 뛰면서 어린이 코너로 달려갔다.

머리가 멍했다. 나는 팔짱을 끼고 서점 이곳저곳을 돌아다녔다. 그러다 진열대에 놓인 책 표지에서 익숙한 구절을 발견했다.

'오천 자의 지혜로 현재를 살다.'

나는 눈이 번쩍 뜨였다.

'오천 자?'

오천 자라면 어제 아내가 건네준 문서의 제목이 아닌가. 나는 서둘러 책을 집어 들었다. 제목은 도덕경道德經이었다. 고대 중국의 노자老子라는 성인이 주나라를 떠나면서 함곡관兩谷關이라는 관문을 지키던 관리에게 남긴 지혜의 문서라고 소개되어 있었다.

오천 자라는 소개도 그렇고 대략적인 한자의 모양만 봐도 이 책은 필시 어제 아내가 건네준 오천 자의 문서를 해석하고 풀이한 책이다. 노자는 익히 들어서 알고 있었고 도덕경 역시 어디선가 들어본 것 같았다. 그렇게 아이들은 동화책을, 나는 도덕경을 사서 집으로 돌아왔다.

"당신이 준 문서가 바로 이 책이지?"

나는 서점에서 구입한 책을 보여주며 아내에게 물었다.

"어머, 벌써 알아냈군요. 사실 제 의도는 직접 한 구절씩 해석해보라는 뜻이었어요. 그래서 책이 아닌 문서를 준 건데."

"그래? 도덕경이라는 책이 그렇게 읽을 만한 가치가 있는 책이야? 이름은 들어봤지만 워낙 오래된 사상이라서 현대를 살아가는 사람에게도 도움이 될까? 그때와 지금은 달라도 너무 다르잖아."

"그거야 직접 읽어보면 알게 되겠죠."

아내는 그렇게 말하고는 주방으로 갔다.

나는 도덕경을 읽기 시작했다. 공대를 나와 한자는 거의 접해보지 못했기 때문에 해석과 내용 풀이 위주로만 읽었다. 그런데도 책을 읽는 속도가 너무 더뎠다. 아무리 집중하고 읽어도 이해가 되지 않는 내용이 많았고, 분명 한글로 쓰였음에도 도무지 알 수 없는 이야기들이 잔뜩 적혀 있었다.

'아니 책을 읽으라는 거야, 말라는 거야.'

나는 책을 덮고 한숨을 푹 쉬었다.

'나는 도대체 어떻게 된 인간인가. 한글로 된 책도 이해하지 못하다니, 정말 한심하다.'

오천 자의 지혜를 만나다

월요일, 또다시 힘겨운 일상이 시작됐다. 새벽같이 일어나 대충 씻고, 아침은 먹지도 않았다. 버스와 지하철을 갈아타고 사람들과 부대끼며 출근했다. 시간이 어떻게 지나가는지도 모르게 업무에 매진하고, 사료를 먹듯 점심을 때웠다. 퇴근 시간 쯤 반주를 곁들인 저녁을 먹고 야근을 시작했다. 야근은 일상이 되었다. 오히려 야근을 안 하는 게 더 어색하다.

그 와중에도 틈틈이 도덕경을 읽기 위해 노력했다. 어떡해서든 끝까지 읽어볼 생각이었다. 대체 오천 자 안에 어떤 지혜가 들어 있는지 알고 싶었다. 그러나 읽을수록 알 수 없는 내용만 나왔다. 한심하지만 1장의 첫 문장부터 어려웠다.

● **도덕경 1장**

_{도 가 도   비 상 도   명 가 명   비 상 명}
道可道 非常道 名可名 非常名

도라고 말할 수 있는 도는 영원불변한 도가 아니며,
이름 부를 수 있는 이름은 영원불변한 이름이 아니다.

'음, 그래. 도라고 말할 수 있는 도는 영원불변한 도가 아니고, 이름 부를 수 있는 이름은 영원불변한 이름이 아니야. 그래서 그게 뭐 어쨌다는 거지, 이런 말들이 대체 무슨 소용인가.'

나는 소리 내어 웃었다. 도대체 이 말도 안 되는 소리를 무엇 때문에 천 년의 지혜니 뭐니 하면서 떠받드는지 이해할 수 없었다. 지금 내게 시급한 건 슬럼프 극복이다. 그러나 변한 건 아무것도 없다. 바쁘고 긴장된 일상의 연속이고, 집으로 돌아오면 기진맥진해서 아무것도 할 수 없다. 대체 왜 이렇게 살아야 하는지도 알 수 없었다. 한시라도 빨리 이 의미 없는 상황에서 벗어나고 싶을 뿐이다.

밤늦게 집에 돌아온 나는 옷을 갈아입지도 않고 맥주를 마셨다. 그러면서도 가방에서 도덕경을 꺼내 몇 페이지를 읽었다. 하지만 책보다는 맥주에 손이 더 갔다. 괜한 짓을 한다는 생각이 들어서 홧김에 책을 거실 바닥에 내던졌다.

"다시는 너를 찾지 않으리. 허허허."

나는 바닥에 널브러진 책을 보며 비웃었다.

"여보, 뭐 하는 거예요. 아무리 읽기 싫어도 그렇지 애꿎은 책은 왜 집어던지고 그래요."

아내가 빨래를 개다 말고 책을 주웠다. 그러고는 중간쯤을 펼쳐 내게 읽어보라고 했다. 아내가 건넨 부분은 도덕경 41장 이었다.

● **도덕경 41장**

上士聞道 勤而行之
상 사 문 도   근 이 행 지

中士聞道 若存若亡
중 사 문 도   약 존 약 망

下士聞道 大笑之
하 사 문 도   대 소 지

뛰어난 선비는 도를 들으면 힘써 행하고,
평범한 선비는 도를 들으면 긴가민가하고,
못난 선비는 도를 들으면 크게 비웃는다.

"어때요, 딱 당신 이야기 같지 않아요?"

수건을 개면서 아내가 말했다.

"내가 못난 사람이라는 거야?"

"글쎄요. 그건 본인이 더 잘 알지 않을까요? 당신이 못났다고 하지는 않았어요."

"흠……."

나는 겸연쩍은 마음에 다시 책을 펼쳤다.

'그래, 어쨌든 끝까지 읽어보자.'

시계는 10시를 가리켰다. 나는 찬물로 샤워를 하고 편한 옷으로 갈아입은 다음 커피를 내려 책상에 앉았다. 불을 끄고 스탠드 빛을 책에 비추었다. 분위기 때문인지, 샤워를 해서인지 몰라도 집중이 잘 됐다. 한 시간 정도 읽고 기지개를 켰다. 다행히 이번에 읽은 구절은 들어본 것도 있고 이해하기에도 수월한 편이었다.

● **도덕경 8장**

上善若水 水善利萬物而不爭
상 선 악 수   수 선 이 만 물 이 부 쟁

處衆人之所惡 故幾於道
처 중 인 지 소 오   고 기 어 도

최고의 선은 물과 같으니, 물은 만물을 이롭게 하는 데 뛰어나지만 다투지 않고, 모든 사람이 싫어하는 곳에 거처한다. 그러므로 도에 가깝다.

● 도덕경 7장

_{천 장 지 구}
天長地久

_{천 지 소 이 능 장 차 구 자}
天地所以能長且久者

_{이 기 부 자 생 고 능 장 생}
以其不自生 故能長生

천지는 장구하니,
천지가 영원할 수 있음은 자기만 살려고 하지 않기 때문이며,
그러므로 오래 살 수 있다.

● 도덕경 29장

_{위 자 패 지 집 자 실 지}
爲者敗之 執者失之

인위적인 자는 실패하고, 잡으려 하는 자는 잃게 된다.

● 도덕경 44장

_{지 족 불 욕 지 지 불 태 가 이 장 구}
知足不辱 知止不殆 可以長久

만족을 알면 욕됨이 없고, 그칠 줄 알면 위태로움이 없으니, 오래갈 수 있다.

● 도덕경 53장

_{대 도 심 이 이 민 호 경}
大道甚夷 而民好徑

대도는 참으로 평탄한데, 사람들은 지름길을 좋아한다.

● 도덕경 61장

_{부 량 자 각 득 기 소 욕 대 자 의 위 하}
夫兩者各得其所欲 大者宜爲下

무릇 양자가 각각 그 하고자 하는 바를 얻으니,
큰 자는 마땅히 자신을 낮추어야 한다.

● 도덕경 64장

_{합 포 지 목 생 어 호 말}
合抱之木 生於毫末

_{구 층 지 대 기 어 루 토}
九層之臺 起於累土

_{천 리 지 행 시 어 족 하}
千里之行 始於足下

아름드리나무도 털끝만 한 싹에서 자라나고,
구층의 누각도 흙을 다지는 것으로 비롯되며,
천리 길도 발아래에서 시작된다.

● 도덕경 81장

신 언 불 미   미 언 불 신
信言不美 美言不信
선 자 불 변   변 자 불 선
善者不辯 辯者不善

믿음직한 말은 아름답지 않고, 아름다운 말은 믿음직하지 않다.
선한 사람은 교묘하게 말하지 않고, 교묘하게 말하는 사람은 선하지 않다.

　　구절 중에는 일상생활에 도움이 될 만한 내용도 많았다. 무엇
보다도 이리저리 방황하는 마음을 다잡아주고 어떤 자세로 삶
을 살아가야 하는지에 대한 이야기가 마음에 들었다. 시간 가는
줄 모르고 읽었는지 벌써 새벽 1시였다. 나는 아내가 잠들어 있
는 침대로 갔다. 아내가 깨지 않도록 살금살금 들어가 살며시 이
불을 덮고 누웠다. 도덕경은 침대 협탁 위에 올려놓았다.

　　"지금까지 읽었어요?"

　　자는 줄 알았던 아내가 내 쪽으로 몸을 돌리며 말했다.

　　"응, 당신 아직까지 안 자고 있었어?"

　　"저도 조금 전까지 책 읽었어요."

　　아내는 평소에도 책을 많이 읽는다. 시간이 날 때마다 책을
펼친다. 적어도 일주일에 두세 권은 읽는 것 같다. 나는 슬며시
아내의 손을 잡았다. 왠지 잠이 오지 않는 밤이었다.

우울한 사람은 과거에 살고
불안한 사람은 미래에 산다

일주일이 또 금세 지나갔다. 하루하루 똑같아서 뭘 했는지 기억도 잘 안 난다. 온통 일만 하며 시간을 보냈다. 바쁜 시기에는 주말에도 출근해야 하지만 다행히 요즘은 비수기라서 주말을 누릴 수 있다.

아내가 장을 보러 간 사이 나는 아이들을 돌봤다. 지민이는 받아쓰기 연습을 했고 재인이는 색칠 공부를 했다. 멍하니 아이들을 바라보다가 문득 나도 무언가 하고 싶다는 생각이 들었다. 시간은 강물과 같아서 한 번 흘러가면 영영 돌아오지 않는다는 격언이 떠올랐기 때문이다.

나는 도덕경을 가지고 와서 지민이의 받아쓰기용 공책에다 한 글자씩 천천히 베껴 쓰기 시작했다.

道	可	道		非	常	道
도	가	도		비	상	도
名	可	名		非	常	名
명	가	명		비	상	명

평소 한자를 접할 기회가 없었기 때문에 한 글자 쓰는 데도 한참 걸렸다. 모르는 글자는 사전을 찾아가면서 뜻을 확인했다. 사실 거의 모든 글자를 찾아야 했다.

"아빠! 아빠도 받아쓰기하는 거야?"

내 모습을 물끄러미 바라보던 지민이가 연필을 입에 문 채 물었다.

"응, 아빠도 받아쓰기하고 있어."

"근데 아빠는 받아쓰기 시험 안 보잖아."

"아빠도 지민이처럼 받아쓰기를 해야 할 것 같아서. 어때, 아빠 잘 썼어?"

"우와, 잘 썼다. 아빠 백 점!"

그렇게 우리 셋은 나란히 앉아 각자 할 일을 했다. 회사 업무가 아닌 일에 집중한 건 오랜만이었다. 한 글자 한 글자에 정성을 들였다. 아무 생각도 하지 않았다. 모처럼 몰입을 경험했다.

돌아온 아내가 점심을 차렸다. 메뉴는 새콤한 소스를 뿌린 신선한 샐러드와 매콤한 카레라이스였다. 식사를 마치고 기분 좋은 포만감을 느끼며 소파에 누워 텔레비전 채널을 이리저리 돌렸다.

매일 이렇게 지내면 소원이 없을 것 같았다. 직장인에게 가장 소중한 날은 토요일이다. 일요일은 다음 날 출근할 걱정에 고통스럽지만 토요일은 이제 막 금요일이 지났을 뿐이고 월요일이 오려면 아직 하루가 더 남았으니 부담이 없다. 이 시간을 한껏 즐기리라 다짐하던 순간이었다.

"여보, 당신이 설거지 좀 해줘요. 저는 빨래하고 청소기를 돌릴게요."

이게 무슨 뚱딴지같은 소리인가. 나는 지금 최고로 만족스러운 시간을 만끽하고 있는데 나더러 소파에서 일어나 설거지를 하라니. 갑자기 온몸에 힘이 빠졌다.

"설거지는 당신이 해. 나는 좀 쉴게."

나는 벽 쪽으로 돌아누우며 말했다.

"나도 쉬고 싶어요. 하지만 집안일이 이렇게나 쌓여 있잖아요."

아내는 빨랫감을 한아름 안고 말했다.

"나중에 하면 안 될까? 지금은 배도 부르고 재미있는 프로그램도 한단 말이야."

"안 돼요. 당신만 쉬고 싶나요. 저도 어제까지 출근해서 아이들을 가르쳤다고요. 당신만 일한 게 아니잖아요."

아내는 강력히 항의했다. 어쩔 수 없었다. 나는 입을 삐죽 내밀며 주방으로 가 고무장갑을 꼈다. 하기야 아내도 일하고 나도 일하니 집안일은 함께 하는 게 당연하다.

'그런데 왜 지금까지 집안일은 아내가 하는 게 당연하다고 생각했던 걸까. 나는 어째서 어떻게든 집안일을 안 하려고 하는 거지? 아니야, 사실 나는 집안일뿐 아니라 회사에서도 미적거리는 스타일이야. 그게 내 본래 성격이야. 남들은 눈치채지 못하겠지만 힘든 일은 안 맡길 바라는 나를 종종 발견할 때가 있어.'

설거지하는 동안 머릿속은 이런저런 상념으로 가득했다. 아내는 그동안 세탁기를 돌리고, 집 곳곳을 청소기로 밀고, 큰 아이 실내화를 손빨래한 다음, 작은 아이 숙제를 도와줬다.

'와, 어쩜 저렇게 일 처리가 빠르지?'

나는 속으로 감탄했다.

"받아쓰기 잘 했어요. 글씨를 조금 크고 반듯하게 쓰면 더 좋겠네. 이번 받아쓰기 점수도 백 점."

"엄마, 아빠도 받아쓰기 연습했는데 채점해주자."

지민이는 내가 오전에 도덕경을 필사한 공책을 아내에게 보여주었다. 아내는 공책을 살펴보더니 이렇게 말했다.

"한자를 한 번도 안 써본 티가 나네. 삐뚤빼뚤하고 부수의 균형도 다 제각각이야. 그래서 아빠는 오십 점."

지민이와 재인이가 소리 내어 웃었다.

"나는 공대 출신이라 한자와는 거리가 멀다고. 그걸 고려해 줘야지."

나는 설거지를 마치고 돌아와 아내에게 투덜거렸다.

"도덕경을 필사한 건 좋은 것 같아요. 하지만 그것만으로 달라지는 건 없을 거예요. 무언가를 읽어 배웠으면 내용을 깊이 음미하고 생활에 적용해야 해요. 읽는 것에 그친다면 무슨 의미가 있겠어요. 내가 가르치는 학생들도 그 정도는 알고 있어요."

아내는 그렇게 말하고는 주방에서 과일을 깎아 왔다. 그러고 보니 아내의 말도 일리가 있다. 그냥 단순히 읽고 만다면 무슨 소용이겠는가. 나는 공감하며 고개를 끄덕였다. 그러고 는 과일을 몇 개 집어 소파에 올라가 TV를 켰다. 당장 몸과 마음이 편한 것보다 더 중요한 게 있겠는가.

채널을 돌리면서 도덕경의 지혜를 어떻게 생활에 활용할지 생각해봤다. 사실 그건 말도 안 되는 일이다. 도덕경은 2,500년 전의 사상이다. 현재에 적용한다면 나는 케케묵은 구닥다리 인간이 되지 않을까.

'도라고 말할 수 있는 도는 영원불변한 도가 아니다.'

도덕경 첫 장에 나오는 이 문구처럼 도덕경 역시 옛날 것이기 때문에 의미가 많이 퇴색됐을 것이다. 이미 유효 기간이 지난 것이다.

나는 오후 내내 빈둥거리며 시간을 보냈다. 하지만 머리로는 온갖 생각을 했다. 과거, 현재, 미래를 넘나들며 삶과 사람과 감정에 대해 계속 고민했다. 한 생각이 끝나면 다른 생각이 차올랐고, 꼬리를 물고 다른 생각이 찾아왔다. 그러다 어느 순간 '내가 왜 이런 쓸데없는 생각을 하고 있지?'라는 생각이 들었다. 그러나 잡념을 쫓아버릴 틈도 없이 또다시 온갖 잡념이 머릿속을 비집고 들어왔다. 결국 심적으로는 잠시도 쉬지 못하고 잡념에 빠져 소중한 토요일을 낭비하고 말았다.

인간의 마음은 왜 불안한가

일요일에는 늦잠을 잤다. 해가 중천일 때 일어나 아내가 차려준 점심을 대충 먹었다. 오후가 되자 내일 출근할 생각에 마음이 편치 않았다.

'일 년에 일요일이 쉰두 번이나 있는데, 그때마다 다음 날 출근할 걱정에 시달리는 건 정말 한심하고 비참하군.'

아이들은 놀아달라며 양쪽에서 내 팔을 잡아당겼다.

"아빠 우리 숨바꼭질하자."

지민이가 오른팔을 잡아당기자 재인이도 질세라 왼팔을 당겼다.

"아빠 놀아줘."

나는 재촉에 못 이겨 한 시간 가까이 아이들과 놀았다. 아이들은 무척 신이 났는지 계속 놀아달라고 떼를 썼다.

"오늘은 많이 놀았으니까 이제는 너희 방에 가서 둘이 놀아."

아이들과 노는 건 체력이 필요한 일이다. 금세 지친 나는 아이들로부터 도망칠 궁리를 했다. 혼자 밖에서 바람이라도 쐬고 싶었지만 그럴 수는 없었다. 아내가 내게 특명을 줬기 때문이다.

"아이들 데리고 운동장에서 자전거라도 태워줘요. 하루 종일 집에만 있으면 건강에 안 좋아요. 몸을 써야 해요."

나는 거절하고 싶었지만 그러지 못했다. 만약 거절했다면 오후 내내 귀가 따가울 것이다. 엄마의 말에 아이들은 환호성을 지르며 좋아했다. 나는 어쩔 수 없이 자전거를 끌고 아파트 단지 안에 있는 초등학교 운동장으로 갔다. 아이들이 자전거를 타는 동안 나는 스마트폰을 만지작거렸다. 눈은 스마트폰을 보면서도 마음은 아이들이 다칠까 봐 신경이 쓰였다. 그러다 문득 사람은 어디에 있어도 불안하다는 생각이 들었다. 도대체 사람은 어떻게 만들어졌기에 이토록 마음을 다스리기가 힘든 걸까. 누군가 이 괴로운 마음을 안정시켜줄 수는 없는 걸까.

사실 나는 잘 알고 있다. 그 누구에게도 명쾌한 해답은 없다는 것을. 모든 사람이 태어난 이유도 모른 채 살아가고 있다.

그러니 누군들 내게 도움을 줄 수 있을 리 없다.

'그래, 다 그런 거야. 세상은 원래 이렇게 생겨 먹었어. 왜 사는지도 모르다가 때가 되면 그저 조용히 죽어갈 뿐이지. 별다를 게 없어. 이미 죽은 사람들도 똑같이 살다 간 거야.'

하염없는 상념에 빠진 내게 지민이가 엉엉 울면서 다가왔다. 무릎이 까져서 피가 나고 있었다.

"지민아! 왜 그래, 어떻게 된 거야?"

나는 당황해서 물었다.

"맞은편에서 오는 자전거를 피하다가 넘어졌어."

낭패였다. 내가 아이를 돌보지 않고 스마트폰과 잡생각에 빠져 있어서 생긴 일이다. 집으로 돌아가면 아내에게 호되게 잔소리를 들을 것이다. 나는 아이들을 데리고 마치 패잔병처럼 터벅터벅 집으로 향했다. 아니나 다를까 지민이를 본 아내는 불같이 화를 냈다. 바로 약 상자를 가져와서 상처를 소독하고 연고를 바르고 밴드를 붙였다.

"가지 많은 나무에 바람 잘 날 없다는 말도 있잖아. 금방 나을 거야. 요즘 약은 효과가 좋아서 금방 낫더라고."

나는 의기소침해서 기어들어가는 목소리로 말했다.

"뭐라고요? 그걸 지금 말이라고 해요?"

괜히 안 해도 되는 말을 해서 혼만 났다.

"아, 피곤하다."

물론 이 말은 아내에게 들리지 않게 했다. 하지만 정말로 피곤했다. 나는 냉장고에서 맥주를 한 캔 꺼내 방으로 가 혼자 마셨다. 아내가 보면 시도 때도 없이 술만 마신다고 잔소리할 게 뻔하기 때문이다.

'내가 생각해도 많이 마시기는 하는데……, 설마 알코올 중독은 아니겠지?'

확실히 최근 들어 술을 마시는 횟수와 양이 급격하게 늘어났다. 어느 날엔 아침부터 마시고 싶은 생각이 들었다. 그래도 알코올 중독까지는 아닐 거라고 생각했다. 담배도 십 년이 넘도록 하루에 한 갑씩 피웠지만 단번에 금연에 성공하지 않았던가. 그러니 술도 마음만 먹으면 언제든 끊을 수 있을 거라 믿었다. 그러나 당장은 아니다. 술은 현재 내게 유일한 즐거움이기 때문이다. 다른 것은 전혀 위안을 주지 못했다.

나는 공책을 펼쳐 다시 도덕경을 필사했다. 맥주가 떨어지면 살금살금 주방으로 가 한 캔씩 가져왔다. 이번에 필사한 내용도 비교적 이해하기 쉬웠다. 그렇다고 만만하게 볼 내용은 아니다. 주로 이중성과 상대성을 이야기하는 것 같았다.

● 도덕경 2장

천 하 개 지 미 지 위 미　사 악 이
天下皆知美之爲美　思惡已

개 지 신 지 위 선　사 불 선 이
皆知善之爲善　斯不善已

고 유 무 상 생　난 이 상 성
故有無相生　難易相成

장 단 상 교　고 하 상 경
長短相較　高下相傾

음 성 상 화　전 후 상 수
音聲相和　前後相隨

시 이　성 인 처 무 위 지 사　행 불 언 지 교
是以　聖人處無爲之事　行不言之敎

만 물 작 언 이 불 사　생 이 불 유
萬物作焉而不辭　生而不有

위 이 불 시　공 성 이 불 거
爲而不恃　功成而不居

모두가 아름다운 것을 아름답다고 알지만, 이는 추한 것일 뿐이다.
모두가 선한 것을 선하다고 알지만, 이는 선하지 않은 것일 뿐이다.
있고 없음은 서로 생겨나게 하고,
어려움과 쉬움은 서로 이루게 하고,
길고 짧음은 서로 견주고, 높고 낮음은 서로 기울고,
음과 소리는 서로 조화롭고, 앞과 뒤는 서로 따른다.
이러한 이유로 성인은 무위에 머물고, 말 없는 가르침을 행한다.
만물을 만들어내고도 말하지 않고, 생기게 하고도 소유하지 않고,
행하고도 자랑하지 않으며, 공을 이루고도 거하지 않는다.

46

첫 문구가 이중성을 나타내는 것이고 그 뒤에 이어지는 내용이 상대성을 말하는 것 같은데, 그다음 부분은 무엇을 말하는지 알 수 없었다. 무위라는 말도 낯설고 무엇보다 자신이 어떤 것을 행하고도 행하지 않은 것처럼 하라는 내용은 이해가 되질 않았다.

'만물을 만들었는데 만들었다고 말하지 않고, 무엇인가를 생기게 하고는 그것을 소유하지 않고, 무엇을 행한 다음 그것을 자랑하지 않고, 공을 이룬 다음 그 공을 내 공이라고 주장하지 않는다니, 게다가 그래야만 그 공이 사라지지 않는다니, 도대체 왜 그래야 하는 거지?'

아리송한 것이 알 것 같기도 하고 모를 것 같기도 했다.

'단순하게 그냥 모든 일을 모르쇠로 일관하라는 말인가?'

나는 그렇게 생각하고는 소리 내어 웃었다. 그런 뜻은 아닐 것이다.

'알게 뭐야.'

그러고는 책을 덮었다. 수천 년 전에 살았던 알지도 못하는 노인네의 말을 어떻게 이해할 수 있단 말인가.

두드리려는 마음이 문을 만든다

나는 혼자 있든, 가족과 있든, 회사에 있든, 항상 마음이 불안했다. 대체 어떻게 해야 이 상태를 벗어날 수 있을까. 방법이 있기는 한 걸까. 인터넷에서 불안한 마음을 편하게 해주는 법을 찾아보니 종교에 귀의하라는 의견이 많았다. 교회에서 기도하고, 절에서 절하며 마음을 다스리라는 것이다. 나는 썩 마음에 들지 않았다. 성격상 어디에 속하는 게 싫다. 귀찮고 번거롭다. 혹시나 하는 마음에 설거지하는 아내에게 물었다.

"당신은 평상시에 마음이 불안하지 않아?"

"그건 왜 물어요?"

"당신도 알다시피 요즘 내 마음이 그래. 당신이라면 해결 방법을 알지 않을까 해서 물어봤어. 나보다 뭐든 많이 알잖아."

나는 아내를 기쁘게 해줄 요량으로 그렇게 말했다.

"당연히 알고 있어요."

"정말? 도대체 방법이 뭐야?"

나는 못 믿겠다는 눈치로 물었다. 아내는 수도꼭지를 잠그고 고무장갑을 벗은 다음 팔짱을 끼고는 다음과 같이 말했다.

"달마대사達磨大師로부터 이어져 내려오는 불교 선종禪宗의 법맥 전수 이야기에 잘 나와 있어요. 물론 당신이 그 이야기를 듣고 그분들처럼 깨달음을 얻을지는 모르지만요."

"아, 그 괴상하게 생긴 달마대사?"

"맞아요. 원래는 그렇게 생기지 않았는데 중국으로 가는 도중에 누군가 육체를 바꿔친 거라고 하더군요."

나는 인터넷으로 이야기를 찾는 동안 속으로 생각했다.

'아내는 어떻게 이런 이야기를 척척 잘 알지?'

자료는 어렵지 않게 찾을 수 있었다. 나는 설레는 마음으로 읽기 시작했다. 대략적인 이야기는 다음과 같았다.

달마는 인도에서 중국으로 건너와 중국 불교 선종의 초조初祖가 됐다. 달마가 소림사에서 면벽面壁하면서 참선參禪하는 중에 혜가慧可가 찾아왔다. 혜가는 너무나 불안하고 괴로운 자신의 마음을 어떻게 달래야 할지 몰랐다. 달마가 위대한 스승이라는 소문을 듣고 혜가는 달마에게 도를 구하러 온 것이다. 그러나 달마는 혜가를 상대해주지 않았다. 혜가는 너무나 간절했다. 마침내 혜가는 밤새도록 눈이 내린 마당에서 자기 자신의 팔을 잘랐다. 달마에게 자신의 의지를 보여준 것이다. 새하얀 눈밭에는 혜가의 피가 흩뿌려졌다. 그제야 달마는 혜가를 상대해주었다.

"저의 마음이 불안합니다. 이 불안한 마음을 편안하게 해주십시오."

"그대의 불안한 마음을 내게 가지고 오라. 그러면 내가 편안하게 해주리라."

혜가는 뛸 듯이 기뻤다. 이제 자신의 불안한 마음을 찾아서 달마에게 보여주기만 하면 된다. 그러나 혜가는 불안한 마음을 아무리 찾으려 해도 찾을 수가 없었다. 혜가는 낙담해서 말했다.

"아무리 찾아도 가져올 불안이 없습니다."

"나는 이미 그대의 마음을 편안하게 해주었노라."

혜가는 달마의 말에 불현듯 깨달음을 얻고 달마를 이어 중국 선종 2조二祖가 됐다. 그런 그에게 훗날 3조三祖가 될 승찬僧璨이 찾아와 도를 구한 이야기는 다음과 같다.

승찬은 나병 환자였다. 그 시절 나병은 불치병이었고, 나병에 걸린 사람은 죄가 많아 하늘의 천벌을 받은 사람 취급을 받았다. 나병에 걸린 자는 사람들 앞에 설 수 없었고 홀로 외롭게 살다 쓸쓸히 죽어가는 수밖에 없었다. 승찬은 이번 생에서 자신의 죄를 씻어 다음 생에는 깨끗하게 살고자 했다. 그래서 사람들 몰래 위대한 스승이라고 불리는 혜가를 찾아간 것이다.

"제가 천벌을 받아 이렇게 몹쓸 병에 걸렸습니다. 부디 저의 죄를 사해주십시오."

"그대의 죄를 내게 가지고 오너라. 그러면 내가 그 죄를 모두 사해주리라."

승찬은 이제 됐다고 생각했다. 자신의 죄를 찾아 혜가에게 가져가기만 하면 됐다. 그러면 혜가가 자신의 죄를 모두 사해줄 것이다. 그러나 승찬이 아무리 죄를 찾으려 해도 찾을 수 없었다. 승찬은 낙담해 말했다.

"아무리 찾아도 가져올 죄가 없습니다."

"나는 이미 그대의 죄를 사해주었노라."

승찬은 혜가의 말에 깨달음을 얻어 중국 선종의 3조가 됐다. 위대한 스승이 된 승찬에게도 훗날 4조四祖가 될 도신道信이 찾아와 도를 구했다.

도신의 나이 열네 살에 떨쳐낼 수 없는 고뇌가 있어 위대한 스승이라 불리는 승찬을 찾아갔다. 도신은 승찬에게 불교의 해탈의 경지를 배우기를 원했다.

"저에게 떨쳐낼 수 없는 고뇌가 있습니다. 이 고뇌에서 해탈하는 법을 알려주십시오."

"누가 너를 속박하느냐?"

승찬의 말에 도신이 가만히 생각해보니 자신을 구속하거나 속박하는 것은 없었다. 도신은 허탈하게 말했다.

"무엇도 저를 속박하지 않습니다."

"그런데 무얼 해탈하고자 하는가. 나는 이미 너를 해탈해주었노라."

도신은 깨달음을 얻고 중국 선종의 4조가 됐다.

달마가 혜가에게, 혜가가 승찬에게, 승찬이 도신에게 깨닫게 해준 것은 무엇이었을까. 그것은 바로 마음이 만들어낸 허상이다. 밖으로 나돌던 그들의 마음을 내면으로 향하도록 도운 것이다. 그것이 스승의 입장에서 도를 구하러 온 자에게 해줄 수 있는 최고의 가르침이었다.

'직지인심直指人心 견성성불見性成佛'이라는 말이 있다. 마음을 바로 보고 본성을 직시하면 부처가 된다는 말이다. 앞서 깨달음을 얻기 위해 스승을 찾아간 이들의 마음은 모두 밖을 향해 있었다. 그 마음이 만들어낸 허상을 진실로 착각했다. 착각에서 벗어나 내면을 바로 보아 깨치는 것이 바로 깨달음에 이르는 길인 것이다.

나도 마음을 편히 먹고 내면을 관조해보려고 시도했다. 그다음 달마와 혜가와 승찬처럼 자신에게 되뇌었다.

'나는 나의 불안하고 괴로운 마음을 편안하게 해주었노라.'

왠지 잠시 동안 마음이 편안해진 듯한 기분이 들었지만 곧 본래 상태로 돌아왔다. 이야기는 그냥 이야기일 뿐이다. 나 같은 평범한 사람이 단번에 도를 얻을 리 없다.

이야기 속 인물들처럼 내 주변에도 마음을 편안하게 해주는 스승이 있으면 좋겠다는 생각을 했다. 그 사람을 찾아가 이렇게 하소연이라도 하고 싶었다.

"스승님, 이 세상은 왜 이토록 제 마음을 불안하게 할까요. 무엇이 문제입니까. 세상입니까, 아니면 제 자신입니까?"

불행하게도 내게는 스승이 없다. 누가 내 스승인지 어떻게 안단 말인가. 만약 위대한 스승을 우연히 만난다고 해도 내게 도를 깨치는 법을 알려줄 것 같지는 않다. 알려준다고 해도 누구나 도를 깨칠 수는 없을 테니까.

하늘의 도와 인간의 도

놀랍게도 도덕경에는 자본주의 사회의 모습이 적나라하게 묘사되어 있다. 나는 이 구절을 읽고 소스라쳤다. 어떻게 2,500년 전의 사상에 현재가 담겨 있단 말인가.

● **도덕경 77장**

천 지 도 　 손 유 여 이 보 부 족
天之道 損有餘而補不足

인 지 도 즉 불 연 　 손 부 족 이 봉 유 여
人之道則不然 損不足以奉有餘

하늘의 도는 남는 것에서 덜어내어 부족한 것에 보태지만,
사람의 도는 그렇지 않아서 부족한 것에서 덜어내 남는 것에 바친다.

월급쟁이의 삶에 익숙해진 나는 자본주의 시스템에 길들여진 평범한 사람이다. 그것이 좋은 일인지 나쁜 일인지는 잘 모른다. 월급은 들어오는 즉시 자동으로 빠져나간다. 대출이자, 카드값, 공과금, 보험료, 적금 외 각종 자동 이체 등등. 받은 지 일주일이 채 되기도 전에 감쪽같이 사라진다. 이것이 부족한 것에서 덜어내어 넘치는 것에 돌아가도록 하는 시스템일까. 그렇게 치면 나는 부족한 쪽에 속하나 보다. 월급이 들어오자마자 모조리 빠져나가 다른 곳에 더해지고 있으니까. 만약 한 달이라도 월급을 받지 못한다면 우리 가족은 생활에 큰 타격을 입을 것이다. 그 이후 벌어질 일들은 상상조차 하기 싫다.

사실 노동자에게 월급만큼 중요한 것은 없다. 술, 담배보다 중독성이 강한 게 월급이다. 직장 생활에서 자아실현이나 사회적 소명 같은 가치를 걷어내면 남는 것은 월급뿐이고, 대부분 월급을 받기 위해 매일 회사에 출근한다. 동료들도 마찬가지일 것이다. 모두 근엄한 표정으로 대단한 업무를 하는 것처럼 보여도 사실 대부분 별 수 없기 때문에 억지로 출근해 꾸역꾸역 일할 뿐이다.

내가 속한 팀은 모두 네 명이다. 팀장 밑으로 과장 두 명, 사원 한 명이다. 오 팀장은 사십 대 초반으로 그동안 회사에 기여한 바가 크고 평판이 좋아 차기 본부장으로 거론되고 있다.

군데군데 새치가 있지만 나이보다 젊어 보이는 외모에 일 처리도 깔끔하고 군더더기가 없다. 과장 둘 중 한 명은 나고 다른 한 사람은 박 과장이다. 내가 우리 팀의 유일한 과장이었는데, 대리였던 박 과장이 작년에 승진했다.

박 과장은 일류 대학 석사를 마치고 미국에서 박사 학위를 받았다. 나이는 서른다섯으로 나보다 세 살 어리다. 회사에서는 그의 학력을 높이 사 회사의 미래를 이끌어갈 유망주로 평가하고 있다. 외모도 잘생긴 편이라 여직원들에게도 인기가 많다.

박 과장은 권모술수에 능하고 여기저기 줄 서기를 좋아한다. 그래서 또래 동료보다 승진이 빠르다는 소문도 있다. 최근에는 업무와 관련된 여러 부분에서 나와 대립각을 세우고 있다.

김 사원은 입사한 지 6개월쯤 됐다. 명문대를 졸업하고 우수한 성적으로 입사해 회사에서 기대가 크다. 다만 자기 몫을 하려면 아직 시간이 필요하다. 김 사원은 박 과장을 잘 따랐고, 둘은 자주 술을 마신다.

나는 윗사람에게 아부를 하거나 학연이나 지연으로 줄을 타는 타입은 아니다. 그렇다고 투철한 정의감이 있다거나 원칙을 고수하는 것도 아니다. 그저 체질적으로 몸에 안 맞는 것뿐이다. 일부러 시간을 내서 윗사람이나 다른 부서 사람들과 식사를 하거나 술을 마시지도 않았고 등산이나 골프를 치러 다니지도 않았다. 그럴 시간에 맡겨진 일을 문제없이 처리하는 데 집중하는 것이 좋았다. 그러다 보니 인맥은 좁아졌고 성과를 내도 대놓고 드러내지 못했다.

상황이 이렇다 보니 회사 내에 나와 박 과장 중 먼저 차장으로 승진할 사람은 박 과장이라는 소문이 나돌고 있다. 박 과장은 아직 미혼이고 열정도 있다. 그러나 나는 아이가 둘이나 있고 일에 목숨을 거는 스타일도 아니다. 자연히 가정에 신경 쓰는 만큼 회사에는 소홀할 수밖에 없다.

최근 우리 팀은 정부 예산을 지원받는 사업을 추진하고 있다. 그런데 담당 공무원이 굉장히 까다로웠다. 예상보다 예산이 대폭 삭감됐고, 사업 자체가 진행될지도 미지수인 상태다. 만약 사업이 성사되지 못한다면 최악의 경우 팀이 해체될 수도 있는 상황이라 오 팀장님은 물론이고 나와 박 과장, 김 사원까지 모든 역량을 동원해 일하고 있다. 나는 담당 공무원의 시도 때도 없는 자료 요청에 대응하느라 집에 돌아가서도 밤새워 자료를 준비했다. 자료를 보내기 전에는 오 팀장님의 사전 검토를 거쳤고, 필요시에는 대폭 수정하는 일도 다반사였다. 그렇게 완성된 자료를 공무원에게 전달해도 다시 피드백을 받아 재수정해야 했기 때문에 주말 출근은 예사였다.

그렇게 마침내 3개월이 넘는 작업이 마무리되고 어렵사리 사업 진행이 확정됐다. 예산도 애초 예상한 범위에서 크게 깎이지 않았다. 나는 나름대로 최선을 다해서 일했고, 이번 일에 내 공이 상당히 크다고 생각했다.

어느 날 오전, 팀 회의 중에 본부장님이 찾아왔다. 그동안 사업을 추진하느라 수고 많았다는 이야기와 함께 금일봉을 오 팀장님에게 전달했다.

"감사합니다, 본부장님. 안 그래도 회식을 잡으려고 했는데 오늘로 정해야겠습니다."

"허허, 그래. 마음껏 마시게나. 그런데 이번 사업에 누구의 공이 가장 큰가?"

본부장님은 팀원 한 사람 한 사람의 얼굴을 살펴보며 물었다.

"공이라면 팀원 모두에게 있습니다. 야근에 주말 근무도 마다치 않고 일했습니다. 모두 고생이 많았습니다."

"그래, 당연히 그랬겠지. 박 과장, 자네는 어땠나. 이번 일에 힘 좀 썼나?"

"말도 마십시오. 깐깐한 공무원의 마음을 돌리느라 물심양면으로 노력했습니다. 아마 저 아니었으면 이번 일은 성사되지 못했을 겁니다."

박 과장은 과도한 손짓과 함께 자기 성과를 과장해서 말했다.

"그래그래, 박 과장의 수고가 많았다는 이야기는 들었네. 자네 활약상은 사장님께 특별히 따로 보고 드리겠네."

본부장님은 호탕하게 웃으며 자리를 떠났다.

나는 어이가 없었다. 박 과장이 한 일이라고는 식사 자리를 잡거나 기초적인 자료를 모아 내게 전달하는 것뿐이었는데 모든 공을 자신에게 돌린 것이다. 나는 굉장히 분했다. 하지만 그 자리에서 내색하지는 않았다.

박 과장은 그날 저녁 회식 자리에서도 이번 일이 모두 자신의 공인 것처럼 떠벌렸다. 그러나 사업이 안정적으로 굴러가고 최종적으로 성사되는 데 결정적인 역할을 한 것은 바로 나다. 그런데도 박 과장은 매우 태연하게 모두 자기 덕인 것처럼 말했다.

'어쩜 사람이 저럴 수 있을까.'

나는 자괴감을 느끼며 조용히 술만 홀짝였다. 오 팀장님도 김 사원도 박 과장의 말에 동의한다는 듯이 연신 고개를 끄덕이고 칭찬해줬다. 가장 가까이에서 지켜봤던 사람들마저 박 과장을 치켜세우는 것을 보고 나는 환멸을 느꼈다.

'세상은 원래 이런 곳이었나. 나는 지금까지 뭘 한 걸까. 자신의 공도 제대로 챙기지 못하는 사람이 다른 일인들 잘할 수 있을까?'

문득 아내와 아이들에게 미안한 마음이 들었다. 내 존재가 너무 하찮게 느껴졌다. 나는 집에 도착하자마자 아이들 방으로 가 지민이와 재인이의 자는 모습을 한참 지켜봤다. 아이들을 위해서라도 더 능력 있는 아빠가 되어야 하는데 그러지 못했다. 그러나 한편으로는 이런 생각도 들었다.

'아무리 그래도 정직하고 올바른 삶을 살아야 하지 않을까. 그래야 아이들도 나를 본받지 않을까. 나부터 청렴하지 않으면서 아이들에게 올바르게 살라고 할 수는 없지 않은가.'

나는 씻지도 않고 침대에 누웠다. 잠을 자면서도 마음이 편치 않았다. 쉽사리 분이 풀리지 않았고 도저히 박 과장을 용서할 수 없었다. 잠을 자는 내내 식은땀이 났고 내용을 알 수 없는 끔찍한 악몽을 꿨다.

잘 싸우는 사람은 화내지 않고
잘 이기는 사람은 싸우지 않는다

이른 새벽에 눈을 떴다. 목이 말랐다. 주방에서 냉수를 한 잔 마시고 축 처진 어깨로 다시 침대에 누웠지만 더는 잠이 오지 않았다. 시각은 새벽 4시였다. 나는 더 자는 걸 포기하고 아내가 깨지 않도록 조용히 침실에서 나와 내 방 책상에 앉았다.

고요했다. 아무 소리도 들리지 않았다. 나는 턱을 괴고 무엇을 할까 고민했다. 어제의 화가 아직도 남아서 가슴이 답답했다.

'남의 공을 가로채 사람들에게 인정받는 게 무슨 의미가 있을까?'

무심코 얼마 전에 필사한 공책을 펼치자 도덕경이 보였다.

^{생 이 불 유} ^{위 이 불 시}
生而不有 爲而不恃

^{장 이 부 재} ^{시 위 현 덕}
長而不宰 是謂玄德

낳고도 소유하지 않고, 행하고도 자랑하지 않으며,
기르되 간섭하지 않으니, 이를 현묘한 덕이라 이른다.

^{부 자 현} ^{고 명}
不自見 故明

^{부 자 시} ^{고 창}
不自是 故彰

^{부 자 벌} ^{고 유 공}
不自伐 故有功

^{부 자 긍} ^{고 장}
不自矜 故長

^{부 유 부 쟁} ^{고 천 하 막 능 여 지 쟁}
夫唯不爭 故天下莫能與之爭

스스로를 드러내지 않으므로 밝아지고,
스스로를 옳다 하지 않으므로 드러나고,
스스로를 자랑하지 않으므로 공이 있고,
스스로를 숭상하지 않으므로 오래간다.
무릇 다투지 않으므로 천하가 그와 더불어 다툴 수 없다.

어쩐지 내 상황과 딱 맞아떨어지는 것 같았다. 특히 '행하고도 자랑하지 않으며, 공을 이루고도 거하지 않는다', '오직 다투지 않으므로 천하가 그와 더불어 다툴 수 없다'라는 구절이 마음에 와 닿았다. 사업을 진행하는 데 내가 많은 공을 세운 것은 사실이지만, 도덕경의 말대로라면 나의 공을 떠벌려 자랑하거나 집착하지 말아야 한다. 그래야 그 공이 내게서 사라지지 않는다.

정말 그럴까. 나는 의구심이 들었다. 하지만 그 구절을 여러 번 읽자 한결 마음이 편안해졌다.

'그래, 박 과장이 내 공을 자신의 공으로 가로챘지만 나는 공을 이루고도 그 공에 거하지 않았어. 물론 마음속에 집착과 분노가 일어난 것은 사실이지만, 어쨌든 나는 잘 참고 넘어갔어.'

또 한 가지 다행인 것은 박 과장과 다투지 않았다는 점이다. 어째서 내 공을 가로챘는지, 왜 본인이 하지도 않은 일을 했다고 했는지에 대해 질책하거나 나무라지 않았다.

모두가 잠든 고요한 새벽, 나는 내가 이룬 공을 나의 공이 아닌 것으로 여기기로 했다. 사실 나의 공이면 어떻고 박 과장의 공이면 어떠한가. 설사 그것이 김 사원의 공으로 돌아가더라도 그것은 그것대로 좋은 일이다.

도덕경 덕에 마음이 조금 풀린 나는 아직 쓰지 않은 구절을 한 글자 한 글자 정성 들여 필사했다. 여전히 쉽게 알 수 있는 내용은 아니었다.

'그래, 옛 성현의 지혜를 단번에 깨닫는 게 더 이상하지. 그래도 매일 필사하다 보면 미처 알지 못했던 내용을 조금이나마 이해하게 될 거야. 한번 해보자.'

원래 내 성격이라면 어제의 사건 때문에 며칠은 후유증에 시달렸을 텐데, 도덕경 덕에 하루 만에 마음이 가벼워졌다. 박 과장을 미워하는 마음도 마법처럼 스르르 사라져버렸다. 시계를 보니 어느새 새벽 5시가 됐다. 좀 더 잘까 싶었지만 이왕 새벽에 일어났으니 뭔가 특별한 일을 하고 싶었다. 나는 책장에서 오래전에 구입하고 방치해둔 책을 꺼내 30분 정도 읽었다. 주위가 고요해서 그런지 온전히 책에 집중할 수 있었다. 책을 덮은 다음엔 30분간 운동을 했다. 먼저 가볍게 스트레칭을 한 후 맨손으로 할 수 있는 근력 운동을 했다. 몸에 남은 알코올이 땀으로 배출되는 것 같았다.

뜻하지 않게 건강한 새벽을 보내자 마음속에 뿌듯한 기분이 차올랐다. 필사, 독서, 운동 모두 내게 이로운 일이었다. 그동안 나만을 위한 시간이 없다고 불평했는데, 새벽 시간을 활용하면 온전한 나만의 시간을 가질 수 있다는 걸 깨달았다. 나아가 가족을 위해 아침 식사를 준비해보자는 생각까지 하게 됐다.

'그래, 아내는 가족을 위해 365일 아침을 준비하는데 고작 하루를 못 하겠는가.'

나는 양상추를 손질하고 토마토를 자른 뒤 식빵 위에 햄과 치즈를 올린 다음 소스를 뿌려서 샌드위치를 만들었다. 그리고 신선한 원두로 커피를 내렸다. 한 상 차려진 식탁을 보자 마음이 뿌듯했다. 아내와 아이들은 낯선 아침 풍경에 눈이 휘둥그레졌다.

"당신, 어제 회식하고 들어와서 피곤하지 않아요? 평상시에는 겨우 일어나서 아침도 못 먹고 나가는 사람이 웬일이에요?"

아내는 놀라면서도 좋은 내색을 숨기지 않았다.

"새벽에 목이 말라서 일어났는데 다시 자려고 해도 잠이 오지 않더라고. 그래서 도덕경도 필사하고 책도 읽고 운동도 했어. 그런데도 시간이 남아서 내친김에 아침까지 준비한 거야."

"도대체 몇 시에 일어났어요?"

"자그마치 새벽 4시."

"천지가 개벽할 노릇이네요."

"뭐 그렇게 대단하다고 그래."

"아니에요. 정말 대단해요."

"이게 바로 행하고도 자랑하지 않으며, 공을 이루고도 거하지 않는다는 걸까, 하하."

"당신, 그새 도덕경 팬이 된 거예요?"

"음, 그런가. 아직은 잘 모르겠어. 그런데 한 가지 분명한 건, 아침에 일어나서 읽은 도덕경 구절 덕분에 회사에서 있었던 안 좋은 일을 말끔히 잊었다는 거야. 도덕경을 처음부터 다시 읽어야겠어. 한 번 읽어서는 그 의미를 제대로 이해하기 어렵 더라고. 굉장히 심오한 내용이 담겨 있는 게 분명해."

"그럼, 제가 당신에게 도덕경을 주었던 게 효과를 발휘했다 는 말이네요?"

그럴지도 모른다. 도움이 된 것은 분명했다. 도덕경에는 고리타분한 옛날 사람의 이야기라고 치부해버릴 수 없는 비범한 구석이 있다. 2,500년 전의 이야기가 지금까지 전해져 내려왔 다는 것은 그만한 가치가 있다는 증거다. 그렇지 않다면 역사 속으로 사라져버렸을 것이다. 나는 느긋하게 아침 식사를 마치고 평소보다 꼼꼼하게 출근 준비를 한 뒤 일찍 집을 나섰다.

버려서 얻고 비워서 채우는 지혜

아침 일찍 출근한 사무실에는 어제의 탁한 공기가 그대로 남아 있었다. 나는 창문을 열어 신선한 공기로 환기한 뒤 자리에 앉아 따끈한 녹차를 우려내 천천히 마셨다. 녹차가 온몸을 훈훈하게 덥혀주었다.

9시가 다가오자 직원들이 하나둘 바쁜 걸음으로 출근했다. 사무실은 금세 시장처럼 소란스러워졌고, 나 역시 긴장감을 가지고 일을 시작했다. 매일 출근해서 일하는 곳이지만 오늘은 여느 때와 느낌이 달랐다. 주변이 아무리 시끄러워도 내면의 평온함을 유지할 수 있었다.

'어째서일까, 새벽에 일찍 일어났기 때문일까? 아니면 도덕

경을 읽었기 때문인가. 그것도 아니면 그저 기분 탓일까?'

이리저리 생각해보았지만 정확한 이유는 알 수 없었다.

업무도 술술 진행됐다. 정신이 흐트러지거나 잡념이 떠오를 때면 속으로 도덕경을 외웠다.

'도라고 말할 수 있는 도는 영원불변한 도가 아니다. 지금 나의 이러한 상황들은 지나가는 순간순간들의 집합일 뿐이다.'

이렇게 생각하자 눈앞의 일에 온전히 집중할 수 있었다. 그러다 불쑥 이런 생각이 들었다.

'도덕경의 도가도 비상도道可道 非常道와 불교의 삼법인三法印 중 하나인 제행무상諸行無常은 어떻게 보면 같은 것을 뜻하는 게 아닐까?'

제행무상은 영원한 것은 없으며 만물은 항상 변한다는 의미를 담고 있다.

"어제 한잔했으니 해장하러 갑시다."

오 팀장님의 제안으로 우리는 회사 근처 해장국집에서 점심을 먹었다.

"한 과장, 오전에 굉장히 열심히 일하던데?"

오 팀장님이 뜨거운 국물을 입 안으로 넣으면서 말했다.

"맞아요. 평소랑 달랐어요."

김 사원이 거들었다.

"한 과장님, 저를 너무 의식하시는 거 아닙니까. 이제 갓 과장 달았는데, 설마 제가 한 과장님을 추월하기라도 할까 봐 그러세요?"

박 과장이 나를 힐끔 보며 말했다.

"다들 왜 그러세요. 제가 오전에 그렇게 열심히 일했나요?"

나는 대수롭지 않게 웃어넘기고 해장국을 먹었다. 뜨거운 국물이 넘어가는 느낌이 좋았다. 마음속으로는 이러한 사람들의 반응은 모두 지나가는 것일 뿐이라고 생각했다.

그러나 식사 도중 계속 들려오는 박 과장의 가시 돋친 말들이 안정을 찾은 내 마음을 다시 뒤흔들었다. 다시금 내 공을 빼앗아 간 사실이 생각나 마음이 불편해지고 미움이 일었다. 나는 애써 마음을 가다듬었다.

'이런 마음도 곧 지나가겠지. 영원한 것은 없으니까.'

식사를 마친 후 사무실로 돌아와 의자를 뒤로 젖히고 앉아 잠시 눈을 감았다. 그리고 최근의 일들을 되돌아보았다. 내게 무엇인가 변화가 시작되려는 것 같았다.

'나의 변화, 생활의 변화.'

그렇다면 어떻게 변화하는 것이 가장 좋을까. 지금처럼 살 수는 없다. 확실한 변화가 필요하다. 그러나 변화는 쉬운 일이 아니다.

'내가 정말 변할 수 있을까? 물론 시도는 가능하겠지. 그러나 변한다 해도 지속할 수 있을지가 의문이야. 그동안에도 여러 차례 시도했지만 흐지부지되어버렸으니까.'

눈을 감고 있었지만 쉼 없이 움직이는 불규칙한 모양의 빛이 눈앞에 아른거렸다.

"시원하게 한잔 마셔."

오 팀장님이 아이스커피로 나를 깨웠다. 나는 의자를 일으켜 세우고 커피를 받았다.

"감사합니다."

"이번 프로젝트 말이야. 어제 본부장님 있는 자리에서 박 과장이 자신의 공이라고 한 거 신경 쓰이지?"

"사실은 좀 그렇습니다."

나는 솔직하게 말했다.

"음, 역시 그랬군. 하지만 나는 자네의 공을 잘 알아. 사업이 잘 성사된 건 자네가 있었기 때문이야. 그러니까 너무 상심하지 말게. 박 과장 스타일이 원래 그러니까 신경 쓰지 말고 자네가 이해하게."

"오 팀장님이 알아주시는 것만으로 저는 만족합니다."

"난 말이야. 묵묵히 자기 일을 하는 사람, 자기가 한 일을 내세우지 않는 사람을 선호하네. 사실 일의 공과는 자신보다 남이 더 잘 알아. '내가 이렇게 일을 잘했습니다'라고 떠벌리지 않아도 알 사람은 이미 다 알고 있거든."

나는 오 팀장님의 말에 큰 위로를 받았다. 역시 누군가는 내가 한 일을 제대로 평가하고 올바르게 알아주었던 것이다.

"그런데 박 과장은 왜 그렇게 말했던 걸까요."

"박 과장은 본부장님이 실세라고 생각하는 거지. 그래서 기회가 있을 때마다 자신을 내세우고 싶은 거야. 한 과장은 박 과장을 어떻게 생각하나?"

"굉장히 야망이 큰 사람 같습니다. 뭐라고 할까요. 마치 회사를 집어삼키고 싶어 한달까요?"

"내가 보기에도 그래."

오 팀장님은 천천히 고개를 끄덕였다. 그러고는 내 어깨를 가볍지도 무겁지도 않게 툭툭 치고는 본인의 자리로 돌아갔다.

나는 오후 업무도 밀도 있게 처리한 후 제시간에 퇴근했다. 종일 집중한 탓인지 기진맥진했다. 집으로 돌아오는 도중 도덕경의 내용이 현실에 반영됐다는 것을 깨달았다.

'행하고도 자랑하지 않으며, 공을 이루고도 거하지 않는다. 거하지 않으니, 공은 사라지지 않는다.'

내가 이룬 공을 박 과장이 가로챘지만 나는 그 공을 내 공이라고 내세우거나 집착하지 않았다. 그런데도 그 공은 내 것으로 남았다. 오 팀장님은 나의 공을 있는 그대로 인정해주었다. 결국 공이 나를 떠나지 않고 그대로 남아 있게 된 셈이다. 나는 점점 도덕경을 신뢰하게 되었다.

'그래, 분명 뭔가 있는 게 틀림없어.'

처음엔 2,500년 전의 지혜가 현재에 적용될 수 있을지 의심했지만, 어느새 의심은 굳건한 신뢰로 변하고 있었다.

도덕경의 유래는 이렇다.
노자는 본래 주나라 장서실藏書室 관리였는데,
쇠퇴한 주나라를 보고 싶지 않아 떠나려 했다.
노자가 함곡관函谷關 관문關門에 도착하니 관문장 윤희尹喜가
노자의 비범함을 알아보고 가르침을 달라고 간청했다.
그래서 노자는 5,000여 자로 된 두 권의 저서를 남기고 떠나버렸는데,
그 후로는 아무도 그를 만나지 못했다.
소문에 의하면 노자는 도를 닦아 이백 살까지 살았다는 전설이 있다.

— 사마천 『사기』, 「노장신한열전」 중에서

2장

세상의 크고 어려운 일은
작고 쉬운 일에서부터 시작된다

만족할 줄 알면 모욕당할 일이 없고, 멈출 때를 알면 위험해질 일이 없다.
그래야 오래갈 수 있다.

천 리 길도 한 걸음부터

　다시 주말이 왔다. 베란다 밖으로 추적추적 비가 내리고 있다. 빗방울이 지면에 떨어지듯 내 마음도 차분히 가라앉았다. 바깥 활동을 못 하게 된 우리 가족은 각자의 방에 흩어져 하고 싶은 일을 했다.

　나는 빈 노트를 꺼내 생활 계획표를 만들었다. 아이들 것이 아닌 내 생활 계획표다. 그동안 아무 생각 없이 하루하루 살아왔다. 그러니 어디로 가는지, 왜 가는지, 어떻게 가야 하는지 전혀 가늠하지 못했다.

　도덕경에는 이런 상황에 빠진 사람에게 적용할 만한 구절이 있다.

圖難於其易　爲大於其細

天下難事必作於易　天下大事必作於細

是以聖人終不爲大　故能成其大

어려운 일은 그것이 쉬울 때 계획을 세우고,
큰일은 그것이 작을 때 해야 한다.
천하의 어려운 일은 반드시 쉬운 일에서 비롯되고,
천하의 큰일은 반드시 작은 일에서 비롯된다.
이러한 이유로 성인은 끝내 큰일을 하지 않는다.
그러므로 능히 큰일을 이룬다.

　나는 이 구절을 본받아 쉽고 작은 일부터 시작하는 계획을 세웠다. 육 개월 후, 일 년 후, 삼 년 후, 그리고 십 년 후의 내 모습이 궁금하다면 지금 내가 어떤 삶을 사는지 보면 된다. 나는 이 단순한 사실을 지금까지 모르고 살았다. 사실 알았더라도 마음 깊이 받아들이지는 못했을 것이다. 아인슈타인은 어제와 똑같은 삶을 살면서 다른 미래를 기대하는 것은 정신병 초기 증상이라고 말했다.

　그렇다. 어떤 결과를 얻기 위해서는 반드시 결과에 상응하는 원인이 먼저 뒷받침되어야 한다. 이 사실을 왜 지금까지 몰랐을까. 도덕경은 읽으면 읽을수록 진리라는 생각이 들었다. 나는 이제부터라도 좋은 결과의 원인이 될 만한 일을 찾기로 마음먹었다.

우선 아침 6시에 일어나기로 결심했다. 며칠 전, 일찍 일어나 기분 좋게 하루를 시작한 것처럼 앞으로는 매일 일찍 일어나는 것이 첫 목표다. 6시로 정한 이유는 5시는 너무 이르고, 7시는 너무 늦기 때문이다. 내게는 6시가 가장 적당했다.

일어난 후에는 먼저 책을 읽는다. 고전과 경전을 읽어 마음의 양식으로 삼을 것이다. 비록 종교는 믿지 않지만 경전은 훌륭한 삶의 지침서다. 옛 성현들의 고전도 마찬가지로 삶에 큰 도움이 된다.

독서 후에는 정좌를 하고 명상을 한다. 어떠한 잡념도 일어나지 않도록 마음을 텅 비운다. 때로는 책에서 읽은 내용을 깊게 생각하는 시간을 갖는다. 이러한 명상을 통해 깊은 통찰과 깨달음에 이르고자 노력한다.

명상을 마친 다음 운동을 통해 체력을 기르고 심신의 활력을 북돋운다. 헬스장에서 하는 운동은 시간과 돈이 들기 때문에 우선은 집에서 할 수 있는 맨손 근력 운동과 간단한 유산소 운동을 반복한다.

일찍 일어나기, 독서, 명상, 운동 이 네 가지는 소홀히 하기 쉽지만 삶에서 그 무엇보다 중요한 것들이다. 물론 독서와 명상과 운동은 저녁에도 할 수 있지만 쉽지 않은 일이다. 저녁에는 회식이나 야근을 할 확률이 높고 퇴근 후 집에 돌아오면 지쳐 쓰러지기 십상이다. 그러므로 아침에 눈을 뜨고 정신을 차리자마자 실행하는 것이 가장 효율적인 방법이다.

하지만 모든 일이 그렇듯, 처음에는 마음먹은 대로 되지 않는다. 그러나 어떠한 상황에서도 꾸준히 실천하는 모습을 자신에게 보여주리라 마음먹었다. 작심삼일이 되지 않기 위해 필사적으로 노력할 테지만 조급하게 기대하지는 않을 것이다. 도덕경에서 이야기한 것처럼 천하의 어려운 일은 반드시 쉬운 일에서 비롯되고, 천하의 큰일은 반드시 작은 일에서 비롯되기 때문이다. 조금 더디더라도 포기하지 않는 게 중요하다. 나는 무리하지 않고 멈추지 않는 것을 가장 중요한 목표로 삼았다.

독서는 첫째 날에 세 페이지를 읽고, 둘째 날에 네 페이지를 읽고, 셋째 날에 다섯 페이지를 읽는 식으로 계획을 짰다. 명상도 마찬가지로 첫째 날에 3분, 둘째 날에 4분, 셋째 날에 5분 동안 앉아 있는 패턴으로 점점 시간을 늘려갈 것이다. 운동도 마찬가지다. 처음부터 무리할 필요는 없다. 아무리 사소한 일일지라도 일단 시작하고 꾸준히 반복한다면 석 달 후에는 엄청난 성과를 얻게 될 것이다. 사실 예전에도 독서나 운동을 꾸준히 하려고 마음먹은 적은 많았지만 번번이 실패했다. 지금에 와서 이유를 생각해보면 처음부터 너무 큰 목표를 잡았기 때문이다. 가령 독서의 경우 하루에 한 권을 읽겠다는 목표를 세우곤 했는데, 절대 쉬운 일이 아니었다. 설령 한 권을 다 읽었다고 해도 시간에 쫓겨 대충대충 읽게 되어 내용을 정확히 파악하지 못한다는 단점이 있다.

쉬운 것부터, 작은 것부터 시작해야 한다는 말은 매우 평범하고 단순한 이야기처럼 들리지만 그 중요함은 재기 어려울 정도다. 진리에 가까운 지혜일수록 단순하다는 말이 있다. 이는 도덕경에서 언급하는 '도에서 나오는 말은 담백하여 맛이 없다'는 구절과 일맥상통한다.

"아빠, 지금 뭐 하는 거야?"

내가 노트에 생활 계획표 만들고 있으니 지민이가 관심을 보였다.

"아빠는 지금 생활 계획표를 만드는 중이야. 너희들도 알지? 방학 때 시간을 어떻게 보낼지 계획을 세우는 거 말이야."

"응, 알아. 그럼 나도 아빠처럼 생활 계획표를 만들 거야."

지민이가 신이 나서 말했다.

"나도, 나도."

언니가 생활 계획표를 만든다고 하자 재인이도 덩달아 나섰다.

"그럼 우리 이제부터 생활 계획표대로 꼭 실천하기다."

"응."

아내는 우리가 만든 생활 계획표를 살펴보더니 만족하는 표정을 지었다.

"당신 정말 이렇게 실천할 수 있겠어요?"

"물론이지. 한다면 하는 사람인 거 몰라? 남들 다 실패한 금연도 성공한 사람이라고."

나는 어깨를 으쓱해 보였다.

"부디 이번에는 사흘이라도 넘겼으면 좋겠네요."

아내가 이렇게 말하는 데는 근거가 있다. 그동안 무수한 계획을 세웠지만 실패한 것이 한두 번이 아니기 때문이다. 하지만 이번엔 다르다. 과거와 달리 나를 도와주는 무언가가 있는 기분이 든다. 그것은 내 주변을 감싸는 보이지 않는 기운 같았다. 이 기운이 내 결심을 더욱 굳건하게 해 이번에는 확실히 실천할 수 있다는 자신감을 불어넣어주었다.

나약한 마음

생활 계획표를 만든 다음 날 나는 정확히 6시에 눈을 떴다. 잠들기 전 스스로에게 암시를 준 것이 효과가 있는 모양이다.

"나는 6시에 일어난다, 나는 6시에 일어난다. 반드시 6시에 일어난다."

침대에 누워 나지막한 목소리로 주문을 외우면서 잠들었다. 그러자 정말 신기하게도 여섯 시에 저절로 눈이 떠졌다. 알람도 없었고 아내에게 깨워달라는 부탁도 하지 않았다. 몸도 마음도 가뿐하고 상쾌했다. 다른 날도 아닌 일요일이다. 휴일에 늦잠을 자지 않은 것 자체가 해가 서쪽에서 뜰 일이다.

일어나서 제일 먼저 냉장고를 열었다. 배고프거나 목이 말라서가 아니다. 내가 세운 계획을 실천하기 위해서다. 내가 생각하기에도 이건 정말 대단한 결심이다. 냉장고를 여는 순간까지도 성공을 의심했다. 나는 냉장고 안에 있는 모든 술을 꺼냈다. 싱크대에는 다양한 종류의 술이 늘어섰다. 가지각색의 맥주와 와인, 소주와 막걸리가 자신들의 처지를 알기라도 한 듯 표면으로 눈물을 흘리고 있다. 나는 입을 굳게 다물고 늘어선 술병을 의미심장하게 바라보았다. 그러고는 망설임 없이 뚜껑을 열어 내용물을 개수대에 흘려보냈다. 맥주는 거품을 물었고 와인은 피를 흘렸으며 소주는 냄새로 절규하고 막걸리는 서로 뭉쳐 나오기를 거부했다. 이 모든 발악에도 아랑곳없이 술은 하수구로 술술 흘러들어 갔다.

그렇다. 나는 집에서는 술을 마시지 않기로 했다. 그 시작을 알리는 의식으로 술을 모두 버린 것이다. 담배를 끊을 때도 똑같았다. 모든 담배를 꺼내 불을 붙였다. 회색의 담배 연기가 기묘한 형상을 이루며 허공으로 날아가는 것을 바라보며 담배를 끊겠다고 다짐했다. 그렇게 지겹도록 나를 괴롭혔던 담배로부터 해방됐다. 이번에는 술을 끊기 위해 비슷한 방식을 택한 것이다. 술을 버리면서 알코올에 의존하려는 내 나약한 마음도 함께 흘려보냈다. 술은 싱크대 아래 미지의 공간으로 사라졌다. 이제 우리 집에 있던 모든 술은 자취를 감췄다. 나는 오늘부터 집에서는 술을 마시지 않는 사람이다. 죽 늘어선 빈 병을 바라보자 술이 없다는 생각에 마음이 무거워졌지만, 동시에 해낼 수 있다는 자신감이 나를 들뜨게 했다.

자, 이제 생활 계획표대로 실천할 차례다. 나는 도덕경을 꺼내 처음부터 다시 읽으면서 한 글자씩 정성 들여 필사했다. 때 묻지 않은 순수한 새벽 공기 덕인지 온전히 집중할 수 있었다. 나는 새삼스레 감탄했다. 실로 생각지 못한 지혜가 여기저기에서 불쑥불쑥 튀어나왔다. 읽을 때마다 다른 의미를 가져다줬다. 나는 음미하고 싶은 구절이 나오면 눈을 감고 그 구절을 묵상했다. 도덕경은 빨리 읽고 싶어도 빨리 읽을 수 없는 책이다.

30분이 흐른 뒤 나는 책을 덮고 커다란 방석 위에 정좌했다. 하루 중 정신이 가장 맑은 시간에 명상을 하는 것은 자연에 가까워지고 종국에는 우주와 하나가 되는 가장 훌륭한 방법이라고 한다.

그러나 정좌를 유지하는 건 무척 힘들다. 좀이 쑤셔서 제대로 앉을 수 없고 귓가에 알 수 없는 소리가 들리는 것 같았다. 눈을 감았지만 갖가지 모양과 색깔의 빛이 불규칙하게 움직였고, 그 모양과 연계된 다양한 형상과 잡념이 머릿속에 떠올랐다가 사라졌다. 수없이 많은 생각이 시시각각, 일정한 패턴도 없이 나타났다 사라지기를 반복했다.

당장에라도 일어나고 싶은 마음을 꾹 누르면서 명상을 계속했다. 무릎이 튀어 오르기도 하고 엉덩이가 들썩이기도 했다. 그때마다 두 손으로 다리를 붙잡았다. 이렇게 짧은 시간도 가만히 앉아 있기 힘들다는 사실이 놀라웠다.

문득 2,500년 전 노자는 어떻게 명상을 했을지 궁금했다. 그당시의 지혜가 현재에도 유효한 것을 보면, 아마 지금 내가 하는 명상과 큰 차이는 없을 것이다. 나는 다시 자세를 가다듬고 머리를 비웠다. 비록 수시로 잡념과 망상이 비집고 들어왔지만 붙잡지 않았다. '그저 자연스러운 일이구나'라고 생각했다. 그러자 잡념과 망상이 자연스럽게 어디론가 흘러가는 듯했다.

나는 오직 호흡에만 주의를 집중했다. 호흡은 우리의 생명과 직결된다. 음식은 수십 일 동안 먹지 않아도 살 수 있고, 물은 며칠 동안 마시지 않아도 살 수 있지만, 호흡은 단 몇 분만 중단해도 생명을 잃는다. 그만큼 중요하다. 나는 코 앞으로 순환하는 호흡을 세밀히 관찰하면서 가늘고, 길고, 고르게 흐르도록 조절했다. 그러자 점차 호흡이 안정되면서 마음도 안정되는 게 느껴졌다. 그러나 잠깐씩 호흡을 놓치면 그 순간을 틈타 잡념과 망상이 맹렬히 나를 공격했다.

홀로 앉아 호흡과 씨름하는 나를 고요한 새벽이 가만히 바라보는 것 같았다. 앞으로 날이 지나고 달이 바뀔수록 호흡은 점차 안정될 것이다. 무엇보다 중요한 것은 마음을 굳게 먹고 하루도 빠짐없이 명상을 실천하는 것이다. 일어나고 싶은 생각이 들 때면 나는 마음속으로 이렇게 생각했다.

'첫술에 배부를 수는 없다. 그것은 진리다. 매일매일 꾸준히 할 일을 하자. 그러면 냇가의 얼음이 녹듯, 봄풀이 알지 못하는 사이 불쑥 자라나듯 나도 앞으로 나아갈 것이다. 그러니 조급해하지 말자. 지금 이 순간 내가 해야 할 일은 모든 것을 비우고 오로지 호흡에 집중하는 것이다.'

시간이 얼마나 흘렀을까. 30분쯤 지나지 않았을까. 나는 잠깐 실눈을 뜨고 시계를 봤다. 그런데 이게 웬일인가. 기껏해야 15분이 흘렀을 뿐이다. 원래 시간이 이토록 느리게 흘렀던가.

시간은 상대적으로 흐른다는 걸 깨달았다. 어떨 때는 빠르고 누군가에게는 느리다. 나는 다시 눈을 감았다. 첫날 목표인 3분은 이미 지났지만 명상을 멈추지 않았다. 한쪽 다리가 저리면 반대쪽 다리와 위치를 바꿨다. 1분이 마치 한 시간처럼 느껴졌다. 고요한 새벽의 시계 초침 소리는 비정상적으로 크게 들렸다. 아무래도 명상에 익숙해지기 위해서는 많은 시간이 필요한가 보다. 나는 다시 실눈을 뜨고 시간이 얼마나 흘렀는지 살펴보았다. 이렇게 몇 번이고 시계를 확인하면서 꾸역꾸역 30분을 채웠다.

명상을 끝내고 쥐가 난 다리를 주무르면서 길게 한숨을 내쉬었다. 어찌 됐든 30분을 채우자 커다란 성취감이 느껴졌다. 첫날에는 3분만 하고 다음 날부터 하루에 1분씩 늘려가고자 했지만 무언가에 이끌려 30분이나 참고 인내한 것이다.

그러나 뭔가 탐탁지 않았다. 이유를 생각해보니 내가 무위無爲의 명상을 한 것이 아니라 유위有爲, 작위作爲, 인위人爲의 명상을 했다는 생각이 들었다. 도덕경 전체를 관통하는 거대한 가치는 무위라고 하는 개념의 실천인데, 나는 그만 가장 중요한 것을 간과한 것이다.

나는 억지로 힘을 써서 명상을 하는 어리석음을 범했다. 공자도 『논어論語』에서 '아는 것은 좋아하는 것만 못하고, 좋아하는 것은 즐기는 것만 못하다'라고 하지 않았던가. 비록 새로 작성한 생활 계획표대로 실천하고자 한 것이지만 이는 도덕경의 지혜와는 상반되는 것이었다. 명상을 한다는 생각 없이 명상을 할 때 진정한 명상의 묘미를 알 수 있고, 그것이 바로 무위의 명상인 것이다. 나는 독서와 명상을 마치면서 앞으로는 도덕경에서 말하는 바를 조금 더 충실하게 실천하겠다고 다짐했다. 기왕 어떤 일을 하려면 온전히 그것에 몰입하는 것이 더욱 의미가 있다고 믿기 때문이다.

진리는 서로 통한다

독서와 명상을 마친 다음 무위의 운동을 시도했다. 스트레칭을 한다는 생각 없이 스트레칭을 하고, 근력 운동을 한다는 생각 없이 근력 운동을 하고, 유산소 운동을 한다는 생각 없이 유산소 운동을 했다.

억지로 하지 않고, 하려는 마음조차 품지 않는 자연스러운 상태가 무위일 것이다. 사람은 '한다'는 의식 없이 온전히 몰입할 때 자신의 진정한 잠재력을 깨울 수 있다.

도덕경의 첫 구절인 '도라고 말할 수 있는 도는 영원불변한 도가 아니다. 이름 부를 수 있는 이름은 영원불변한 이름이 아니다'라는 구절은 본래 '도'는 형태가 없고 이름도 없기 때문에 도라고 부르는 순간 그것은 이미 본연의 도와는 거리가 먼 것이 된다는 뜻이다.

바꿔 말하면 내가 명상을 한다고 생각하는 순간 그것은 참다운 명상에서 벗어나게 된다. 명상을 의식해 억지로 한다면 이는 단순히 앉아 있는 것과 다를 게 없다.

이런 생각을 하며 운동을 마치자 아내가 방에서 나왔다.

"당신 새벽부터 술을 이렇게나 마신 거예요?"

아내는 싱크대에 늘어선 술병을 보고 화들짝 놀라서 말했다.

"응, 새벽에 일어나자마자 먹는 술은 어떤 맛일지 궁금했거든."

아내는 처음에는 얼굴이 굳어지더니 내가 멀쩡한 것을 확인하고는 이내 안도의 한숨을 내쉬었다.

"계획을 실천하고 있었군요."

"계획대로 실천한다는 생각 없이 실천하고 있어."

"어머, 그게 무슨 소리예요? 굉장히 철학적으로 들리는데요."

"무위야. 인위와 유위와 작위의 반대말이지. 도라고 말할 수 있는 도는 영원불변한 도가 아니거든. 그리고……."

"잠깐만요."

아내는 내 말을 다 듣지도 않고 침실로 들어가 문서를 하나 가지고 왔다.

"여기에도 당신이 말한 것과 비슷한 내용이 나와요."

아내가 건네준 문서를 보니 불교의 대표적인 경전인 금강경 金剛經의 사구게四句偈와 반야심경般若心經이 적혀 있었다. 나는 그 자리에 선 채로 천천히 읽었다.

● 금강경 제1구게

범 소 유 상　　개 시 허 망
凡所有相 皆是虛妄
약 견 제 상 비 상　　즉 견 여 래
若見諸相非相 卽見如來

무릇 형상이 있는 것은 모두가 다 허망하나니,
만약 모든 형상을 형상이 아닌 것으로 보면 곧 여래를 보느니라.

● 금강경 제2구게

불 응 주 색 생 심
不應住色生心
불 응 주 성 향 미 촉 법 생 심
不應住聲香味觸法生心
응 무 소 주　　이 생 기 심
應無所住 而生基心

반드시 사물에 머물지 말고 마음을 낼 것이며,
반드시 소리와 냄새와 맛과 감촉과 그 외의 어떤 것에도 머물지 말고
마음을 낼지니라. 반드시 머무는 바 없이 그 마음을 낼지니라.

<ruby>若<rt>약</rt></ruby> <ruby>以<rt>이</rt></ruby> <ruby>色<rt>색</rt></ruby> <ruby>見<rt>견</rt></ruby> <ruby>我<rt>아</rt></ruby> <ruby>以<rt>이</rt></ruby> <ruby>音<rt>음</rt></ruby> <ruby>聲<rt>성</rt></ruby> <ruby>求<rt>구</rt></ruby> <ruby>我<rt>아</rt></ruby>

若以色見我 以音聲求我

<ruby>是<rt>시</rt></ruby> <ruby>人<rt>인</rt></ruby> <ruby>行<rt>행</rt></ruby> <ruby>邪<rt>사</rt></ruby> <ruby>道<rt>도</rt></ruby> <ruby>不<rt>불</rt></ruby> <ruby>能<rt>능</rt></ruby> <ruby>見<rt>견</rt></ruby> <ruby>如<rt>여</rt></ruby> <ruby>來<rt>래</rt></ruby>

是人行邪道 不能見如來

만약 모양으로써 나를 보려 하거나 음성으로써 나를 찾는다면
이 사람은 잘못된 길을 가는 것이다. 결코 여래를 볼 수 없으리라.

● 금강경 제4구게

<ruby>一<rt>일</rt></ruby> <ruby>切<rt>체</rt></ruby> <ruby>有<rt>유</rt></ruby> <ruby>爲<rt>위</rt></ruby> <ruby>法<rt>법</rt></ruby> <ruby>如<rt>여</rt></ruby> <ruby>夢<rt>몽</rt></ruby> <ruby>幻<rt>환</rt></ruby> <ruby>泡<rt>포</rt></ruby> <ruby>影<rt>영</rt></ruby>

一切有爲法 如夢幻泡影

<ruby>如<rt>여</rt></ruby> <ruby>露<rt>로</rt></ruby> <ruby>亦<rt>역</rt></ruby> <ruby>如<rt>여</rt></ruby> <ruby>電<rt>전</rt></ruby> <ruby>應<rt>응</rt></ruby> <ruby>作<rt>작</rt></ruby> <ruby>如<rt>여</rt></ruby> <ruby>是<rt>시</rt></ruby> <ruby>觀<rt>관</rt></ruby>

如露亦如電 應作如是觀

세상의 모든 진리는 마치 꿈 같고 환영 같고 물거품 같고 그림자 같고 이슬
같고 또한 번개 같으니 반드시 이와 같이 관찰하도록 하라.

● 반야심경

<ruby>色<rt>색</rt></ruby> <ruby>不<rt>불</rt></ruby> <ruby>異<rt>이</rt></ruby> <ruby>空<rt>공</rt></ruby> <ruby>空<rt>공</rt></ruby> <ruby>不<rt>불</rt></ruby> <ruby>異<rt>이</rt></ruby> <ruby>色<rt>색</rt></ruby>

色不異空 空不異色

<ruby>色<rt>색</rt></ruby> <ruby>卽<rt>즉</rt></ruby> <ruby>是<rt>시</rt></ruby> <ruby>空<rt>공</rt></ruby> <ruby>空<rt>공</rt></ruby> <ruby>卽<rt>즉</rt></ruby> <ruby>是<rt>시</rt></ruby> <ruby>色<rt>색</rt></ruby>

色卽是空 空卽是色

물질적 현상이 본질인 공과 다르지 않고, 공 또한 물질적 현상과 다르지 않
으니, 물질적 현상이 곧 본질인 공이며, 공이 곧 물질적 현상이니라.

놀랍게도 금강경, 반야심경에서 이야기하는 내용은 도덕경의 내용과 일맥상통하는 부분이 있었다. 예로부터 유교와 불교와 도교는 서로 통한다고 했는데, 그 의미를 조금이나마 알 것 같았다. 금강경에서는 형상이 있는 것은 곧 형상이 없는 것이고 사물과, 육신 그리고 모든 유위는 무無와 허虛와 공空이라고 말한다.

반야심경에서는 색色과 공空, 즉 물질적 현상과 실체가 없는 것은 서로 같은 것이라고 말한다. 도덕경에서는 도는 도가 아니고 이름은 이름이 아니라고 말한다.

이 세 가지 경전은 표현만 다를 뿐, 모두 같은 것을 말하고 있었다.

"놀라운데? 모두 도덕경과 같은 말을 하고 있어."

나는 흥분해서 도덕경을 펼쳐 아내에게 보여주었다.

"어떻게 이럴 수 있지? 노자와 부처가 같은 말을 하잖아."

"정말 그래 보이네요."

"뭔가 대단한 의미가 있는 게 틀림없어. 그렇지 않고서는 이렇게 오랜 세월 같은 내용이 계승되지는 않았을 거야."

"성경에도 비슷한 말이 나와요."

"뭐? 설마."

"마태복음 6장 3절에는 오른손이 하는 일을 왼손이 모르게 하라는 구절이 있어요. 그 말도 결국에는 금강경이나 반야심경, 도덕경에서 이야기하는 것과 같은 말이지 않을까요?"

과연 일맥상통하는 부분이 있는 것처럼 보였다.

"그리고 도덕경 1장의 내용을 보니, 창세기 천지창조의 내용과 비슷하다는 느낌도 드네요."

교회의 다니는 아내는 성경을 가져와 창세기 부분을 보여주었다.

● 창세기 1장 1~5절

태초에 하나님이 천지를 창조하시니라. 땅이 혼돈하고 공허하며 흑암이 깊음 위에 있고 하나님의 영은 수면 위에 운행하시니라. 하나님이 이르시되 빛이 있으라 하시니 빛이 있었고 빛이 하나님이 보시기에 좋았더라. 하나님이 빛과 어둠을 나누사 하나님이 빛을 낮이라 부르시고 어둠을 밤이라 부르시니라. 저녁이 되고 아침이 되니 이는 첫째 날이니라.

성경에 따르면 세상은 하나님이 만물에 이름을 부여함으로써 창조됐다. 이름이 없는 의식 세계에 이름을 붙이자 물질로 태어났다는 것을 의미한다.

도덕경에서 말하는 도는 모든 천지 만물의 근원이다. 물질화되기 이전의 무의 상태에서는 정신계^{精神界} 또는 절대계^{絶對界}를 의미하며 물질화된 이후의 유의 상태에서는 물질계^{物質界} 또는 현상계^{現象界}를 의미한다.

이처럼 본질은 같으나 이름이 있고 없음에 따라 상태의 차이가 생기는 것, 성경에서 하나님이 천지를 창조할 때 빛을 낮이라 칭하고, 어둠을 밤이라 칭하는 것도 도의 작용과 유사한 것이 아닐까 하는 생각이 들었다. 나는 하루 종일 도덕경을 읽으면서 성경과 유사한 구절을 발견했다.

● **누가복음 6장 27~35절**

너희 듣는 자에게 내가 이르노니 너희 원수를 사랑하며 너희를 미워하는 자를 선하게 대하며 너희를 저주하는 자를 축복하며 너희를 모욕하는 자를 위해 기도하라. 너의 이 뺨을 치는 자에게 저 뺨도 돌려대고 네 겉옷을 빼앗는 자에게 속옷도 거절하지 마라. 네게 구하는 자에게 네 것을 주고 네 것을 가져가는 자에게 다시 달라 하지 마라. 남에게 대접을 받고자 하는 대로 너희도 남을 대접하라. 너희가 만일 너희를 사랑하는 자만을 사랑하면 칭찬받을 것이 무엇이냐. 죄인들도 사랑하는 자는 사랑하느니라. 너희가 만일 선하게 대하는 자만을 선하게 대하면 칭찬받을 것이 무엇이냐. 죄인들도 그렇게 하느니라. 너희가 받기를 바라고 사람들에게 꾸어주면 칭찬받을 것이 무엇이냐. 죄인들도 그만큼 받고자 하여 죄인에게 꾸어주느니라. 오직 너희는 원수를 사랑하고 선하게 대하며 아무것도 바라지 말고 꾸어주어라. 그리하면 너희의 상이 클 것이요. 또 지극히 높으신 이의 아들이 되리니, 그는 은혜를 모르는 자와 악한 자에게도 인자하시니라.

● **마태복음 7장 7~8절**

구하라, 그리하면 너희에게 주실 것이요. 찾으라, 그리하면 찾아낼 것이요. 문을 두드리라, 그리하면 너희에게 열릴 것이니. 구하는 이마다 받을 것이요, 찾는 이는 찾아낼 것이요, 두드리는 이에게는 열릴 것이니라.

● **도덕경 49장**

선 자 오 선 지　불 선 자 오 역 선 지　덕 선
善者吾善之 不善者吾亦善之 德善
신 자 오 신 지　불 신 자 오 역 신 지　덕 신
信者吾信之 不信者吾亦信之 德信

선한 자에게 나는 선으로 대하고, 선하지 않은 자에게도
나는 선으로 대하니, 선이 이루어진다.
신의 있는 자에게 나는 신의로 대하고, 신의 없는 자에게도
나는 신의로 대하니, 신의가 이루어진다.

● **도덕경 62장**

고 지 소 이 귀 차 도 자 하
古之所以貴此道者何

불 왈 이 구 득   유 죄 이 면 사
不曰以求得 有罪以免邪

고 위 천 하 귀
故爲天下貴

예부터 도를 귀하게 여기는 까닭은 무엇인가.
구하면 얻게 되고 죄가 있으면 면한다고 말하지 않았는가.
그러므로 천하의 귀한 것이 되는 것이다.

물론 내 깜냥으로는 이 경전들의 진정한 의미를 온전히 이
해하기 어렵다. 하지만 적어도 진리에 가까운 말들은 서로 통
한다는 사실을 깨달았다.

내가 변해야 세상이 변한다

아침 식사를 마치고 아내에게 설거지는 내가 하겠다고 말했다. 무위의 마음으로 자청했다. 내가 당신을 도우니 나를 인정해달라거나 평소에 안 하던 일을 하니까 칭찬받겠다는 생각 없이 그저 할 일을 한다는 마음으로.

이것이 도덕경과 금강경과 반야심경에서 이야기하는 무위와 공을 실천하는 일이라고 생각했다. 또한 성경에서 말하는 오른손이 하는 일을 왼손이 모르게 하는 일이다. 소매를 걷고 이어폰으로 음악을 들으며 설거지를 시작했다. 고무장갑이 그릇을 옮겨 다녔다. 지금까지 식사 준비는 아내가 도맡았음에도 아내는 불평 한마디 하지 않았다.

'하늘의 도는 남는 것에서 덜어내어 부족한 것에 보태지만, 사람의 도는 그렇지 않아서, 부족한 것에서 덜어내 남는 것에 바친다'는 구절에 비추어보면 나는 그동안 후자와 같은 행동을 한 것이다. 살림은 아내의 몫이라고 여기고 전혀 살피지 않았다. 이제부터는 사소한 것부터 하늘의 도를 실천하겠다고 다짐했다. 적어도 아내에게 몰려 있는 집안일 정도는 내가 덜어낼 수 있다.

자본주의는 빈익빈 부익부貧益貧 富益富를 조장하기 때문에 현대 사회에는 필연적으로 사람의 도가 고착되어 있다. 남는 데서 덜어내어 모자라는 데에 보태면 오히려 바보 취급을 받는다.

'그래, 조화와 평등의 실천이 하늘의 도이고 성인의 행위다.'

나부터 하늘의 도, 성인의 행위를 본받아 아무리 사소한 일이라도 몸소 실천하려는 마음을 가져야겠다고 생각했다.

'바로 이거야. 이런 마음으로 실천하는 내가 대견해.'

이어폰에서 가볍고 경쾌한 피아노 선율이 흘러나왔다. 나는 약간의 자비심과 온화한 마음, 알 수 없는 뿌듯함으로 한껏 고조됐다. 그러나 이내 마음을 가다듬었다.

'공에 기대거나 공을 주장하지 않는 것이 하늘의 도이고 성인의 행위야.'

설거지를 마치고 거실 소파에 앉았다. 아내가 과일을 깎아서 내왔다. 지민이가 왼쪽 어깨를, 재인이가 오른쪽 어깨를 토닥여주었다.

"예전 같으면 정오쯤에나 일어날 텐데, 새벽같이 일어나 이렇게 설거지까지 하다니 정말 놀라운 변화예요."

아내는 진심으로 기뻐했다.

"아빠 최고! 나도 엄마를 도와주고 싶어."

"나도, 나도."

"하하, 이렇게까지 칭찬해주니 쑥스러운데."

아침을 먹고 설거지까지 했지만 아직 8시도 채 되지 않았다. 토요일의 시작이 항상 점심 무렵이었던 것을 생각하면 엄청난 변화다. 덕분에 여유 시간을 얻었다. 우리 가족은 집 근처 도서관으로 가서 각자 읽고 싶은 책을 빌렸다.

나는 설거지를 할 때도, 도서관에서 책을 고를 때도 안정적이고 고요한 마음을 유지했다. 새벽에 했던 명상 때문이라는 생각이 들었다. 호흡을 고르게 유지하면 외부로 향하는 마음을 언제든지 내부로 돌려놓을 수 있다. 나는 명상의 그런 점이 좋았다.

책을 빌리고 아이들과 학교 운동장에서 놀다가 오랜만에 외식을 한 다음 집으로 돌아왔다. 나는 거실에 앉아 빌려온 책을 읽었다. 그동안 독서량이 부족했던 탓인지 집중이 안 됐다. 한

페이지를 읽는 데 많은 시간이 걸렸다. 그러나 곧 익숙해져 속도가 붙었다.

내가 책을 읽으니 아이들도 자신이 빌린 책을 가져와서 함께 읽었다. 재인이는 아직 한글을 몰라서 내가 대신 읽어주었더니 지민이가 자신이 읽어주겠다고 나섰다. 평화롭고 여유로운 주말 오후다.

내 옆에서 책을 읽는 아이들을 보니 아이들은 어른이 하는 행동을 그대로 따라 한다는 사실이 새삼 실감 났다. 내가 설거지를 하면 아이들도 집안일을 돕겠다고 나섰고, 내가 책을 읽으면 아이들도 책을 읽었다. 만약 내가 지금 TV를 보면 아이들도 채널을 이리저리 돌려가며 TV를 보려고 했을 것이다. 내가 술과 안주를 먹으면 아이들도 따라서 주스를 마시고 초콜릿과 사탕을 먹으려고 했을 것이다. 앞으로는 아이들 앞에서 좋은 행동을 많이 해야겠다는 생각이 들었다.

'그래, 먼저 내가 바르게 행동해야 해. 그래야 아이들뿐만 아니라 내 주변이 바르게 변할 거야.'

무엇보다도 나를 갈고닦는 데 힘쓰자. 그러면 자연스럽게 그 영향이 가정부터 사회까지 영역을 넓혀가며 변화를 만들 것이다. 나는 도덕경 67장의 구절이 떠올랐다.

천 하 개 위 아 도 대   사 불 초
天下皆謂我道大 似不肖

부 유 대   고 사 불 초
夫唯大 故似不肖

약 초   구 의 기 세 야 부
若肖 久矣其細也夫

아 유 삼 보   지 이 보 지
我有三寶 持而保之

일 왈 자   이 왈 검
一曰慈 二曰儉

삼 왈 불 감 위 천 하 선
三曰不敢爲天下先

천하가 이르기를 나의 도는 크지만 도와 닮지 않은 것 같다고 한다.
무릇 크기 때문에 닮지 않은 듯할 뿐이다.
만약 닮았다면, 오래전에 작아졌을 것이다.
나에게 세 가지 보물이 있어 지니고 보존하는데,
첫째는 자애로움이요, 둘째는 검소함이요,
셋째는 감히 천하에 먼저 나서지 않음이다.

'그래, 우리 가족의 생활에 기준점이 될 원칙을 정하자. 나를
지키고 가정을 지켜줄 가훈을 정해서 아이들에게 알려주자.'

나는 뒷짐을 지고 거실을 서성이며 무엇이 좋을까 고민했
다. 당장 떠오르는 것은 없었다. 하지만 차차 생각날 것이다.

"당신, 무슨 생각을 그렇게 해요?"

아내가 커피를 마시며 말했다.

"마음을 비우고 겸손하게 세상을 살아가려면 어떤 기준이 필요한지 생각 중이야."

"갑자기 왜요?"

"이제 우리 집에도 가훈이 있어야 할 것 같아서. 우리 가족이 믿고 따를 가훈."

"당신 갑자기 너무 올바른 방향으로 나아가는 것 같아 불안한데요."

사소한 일상과 인간의 일생

나는 책을 읽고 있는 아이들에게 다가갔다.

"재미있니?"

"응, 재밌어."

"아빠랑 더 재미있는 거 할래?"

"그게 뭔데?"

"우리 가족 가훈 정하기."

나는 주머니에서 계획표를 꺼내 아이들에게 보여줬다.

"이건 아빠가 꼭 해야 할 일을 적은 종이야. 이것처럼 우리 가족에게도 가장 중요한 원칙을 정해서 실천하도록 노력하려고 해."

"응, 좋아. 근데 어떤 가훈?"

"그야 우리 가족 모두에게 좋은 것으로 정해야지."

"그럼 엄마도 있어야겠네?"

재인이가 안방에서 아내를 데리고 왔다.

가훈을 정하기 위해 우리 가족은 각자의 생각을 이야기했다. 그리고 후보가 될 만한 것들을 가리지 않고 모두 종이에 적었다.

"나는 아빠가 매일 밤 옛날이야기를 해줬으면 좋겠어. 그걸 가훈으로 정하자."

아직 네 살인 재인이는 옛날이야기가 좋은 모양이었다.

"야, 그게 말이 되냐. 가훈은 그런 게 아니야."

지민이가 어이없다는 듯이 말했다.

"왜 안 돼? 아빠가 매일 옛날이야기를 해준다고 해놓고선 안 해줄 때도 있잖아. 그러니까 그걸 꼭 지키라는 거지."

재인이의 말에 우리는 모두 웃었다.

"재인이의 의견도 후보로 적어야겠네요."

아내가 종이에 '매일 밤 옛날이야기 들려주기'라고 적었다.

사실 내가 들려주는 옛날이야기는 무척 단순했는데, 아이들 입장에서는 나름 재미있었던 모양이다.

둘째가 엉뚱한 이야기를 하자 더욱 다양한 의견이 쏟아졌다. '하루에 한 가지씩 맛있는 거 해주기', '하루에 동화책 세

권씩 읽기', '잔소리하지 말기', '신발 가지런히 벗기', '매일 사탕 주기', '집에 돌아오면 숙제부터 하기', '사이좋게 지내기' 등등.

정말 사소했다. 그러고 보니 삶은 사소하고 하찮은 것들의 연속 아닌가. 그것들이 모여서 생활이 되고 삶을 이루니 무시해서는 안 된다. 도덕경 52장에는 작은 것, 부드러운 것에 대한 구절이 있다.

● **도덕경 52장**

見小曰明 守柔曰强
用其光 復歸其明 無遺身殃
是爲習常

작은 것을 보는 것을 밝음이라 하고,
부드러운 것을 지키는 것을 강함이라 한다.
그 빛을 써서 밝음으로 돌아가면 몸의 재앙을 남기지 않는다.
이를 영원한 배움이라 이른다.

도덕경은 거대하고 큰 것을 이야기하면서도 작은 것, 사소한 것, 부드러운 것을 동시에 이야기한다. 거대한 것을 본받으면서도 작고 부드러운 것을 가까이하는 것이 삶이라는 생각이 들었다.

"자, 아빠가 의견을 정리해서 멋진 가훈을 정해볼게요."

사실 내가 정하고 싶은 가훈은 이미 마음속에 있었다.

'책을 스승 삼아 명상에서 답을 구한다.'

내가 도덕경을 읽고 명상을 하면서 많은 해답을 얻었기 때문이다. 그러나 가훈은 우리 가족 모두를 아우르는 것이라야 의미가 있으므로 마음속에 담아두기로 했다.

"곧 있으면 학교에서 가훈을 알아오라는 숙제가 있을 텐데, 당신이 이렇게 솔선수범해주니 좋네요."

"우리 가족을 하나로 이어주는 구심점이 있으면 좋잖아. 그게 가훈의 형태라면 더 좋을 거라고 생각했지."

"맞아요. 저도 어렸을 때 신경 안 쓰는 척했지만 은연중에 가훈을 지키면서 학창 시절을 보냈던 것 같아요. 그런데 요즘에는 가훈이 있는 집을 찾아보기 힘들어요."

"세상이 많이 변했기 때문이겠지. 예전의 가치가 지금은 잘 통용되지 않기도 하고."

"정말 그래요. 요즘은 정직이나 양심 같은 단어 자체를 보기 어려워졌어요. 사람들의 마음속에서 사라져버린 것만 같아요."

"대신에 거짓과 위선 같은 단어들이 자연스러워졌지. 자신의 안위만을 생각하는 세상이야. 남을 밟더라도 일단 올라가기만 하면 된다고 생각하잖아."

"이왕 하는 김에 잘 정해봐요. 액자로 만들어서 거실에 걸어야죠."

"이거 어깨가 점점 무거워지는데?"

우는 아이에게 매는 독이다

만약 아이가 멈출 줄 모르고 떼를 쓴다면 어떻게 해야 할까.

"사탕 줘, 사탕! 엉엉."

재인이가 착한 일을 할 때마다 사탕을 하나씩 주곤 했는데 이제는 시도 때도 없이 달라며 울고불고 난리다. 벌써 여러 개를 먹어서 할당량을 초과했는데도 계속해서 달라고 떼쓰고 있다. 아내가 아무리 혼내거나 달래도 눈물범벅이 돼서는 요지부동이다. 아내는 지쳤는지 나더러 알아서 하라며 바통을 넘겼다. 나는 논리적으로 설명하기도 하고 다른 데로 관심을 끌려고도 해봤지만 전혀 소용이 없었다.

우는 아이를 한 시간 넘게 지켜보자니 머리가 지끈거렸다.

이럴 때 사용할 도덕경의 지혜가 있을까. 궁리해봤지만 떠오르지 않았다. 아이가 우는 상황을 우는 게 아니라며 외면할 수도 없고, 천지의 장구함을 설명해주면서 사탕은 작은 것이니 탐하지 말라고 이해시킬 수도 없는 노릇이었다.

이런 상황은 아이를 키워보지 않은 사람은 공감하기 힘들다. 아이가 아무 데서나 엉덩이를 깔고 앉아 울음을 터트리면 정말 난감하기 짝이 없다. 게다가 딱히 해결책도 없다. 그렇다고 그냥 울도록 내버려 두는 것도 올바른 방법은 아니다.

나는 결국 매를 들었다. 그제야 재인이는 울음을 그쳤다. 그러나 내 마음은 편치 않았다. 매를 들어 아이를 때리자 평정심이 모두 무너졌다. 나는 다시 지극히 평범하고 갈피를 못 잡는 상태가 됐다. 마음이 아팠다. 불가피하게 매를 들었지만 이내 후회가 몰려왔다.

'분명 다른 방법이 있었을 텐데……, 어떠한 상황에서도 폭력은 정당하지 않아. 난 아이에게 폭력을 가르친 것과 다름없어.'

시간이 지나 아이가 진정된 뒤 두 팔을 벌려 꼭 안아주었다. 그러고는 방으로 들어가 쓸쓸함을 달랬다. 도덕경을 이리저리 펼쳐보면서 혹시 이런 상황에 대처하는 법이 있는지 찾아보았다. 그러나 당연하게도 그런 내용은 찾아볼 수 없었다. 하지만 73장의 구절이 왠지 마음에 와 닿았다.

● **도덕경 73장**

천 지 도　부 쟁 이 선 승　불 언 이 선 응
天之道 不爭而善勝 不言而善應

불 소 이 자 래　천 연 이 선 모
不召而自來 繟然而善謀

천 망 회 회　소 이 불 실
天網恢恢 疏而不失

하늘의 도는 다투지 않고도 잘 이기고, 말하지 않아도 잘 화답하고,
부르지 않아도 스스로 오고, 늘어진 듯해도 잘 도모한다.
하늘의 그물은 크고 넓어서 성긴 듯해도 놓치는 법이 없다.

역시 나는 아직 하늘의 도를 체득하지 못한 것이리라. 그나
마 71장에 나오는 구절이 위안을 주었다.

● **도덕경 71장**

지 부 지 상　부 지 지 병
知不知上 不知知病

부 유 병 병　시 이 불 병
夫唯病病 是以不病

알지 못하는 것을 아는 것이 뛰어남이고,
알지 못하지만 안다고 하는 것은 병이다.
무릇 병을 병으로 여기면 병이 없는 것이다.

나는 알지 못하는 것을 인정하기 때문에 병에 걸린 건 아니다. 그러니 약간의 희망은 있다. 그렇다면 앞으로 어떻게 해야할까. 나는 이제부터 화를 내지 않겠다고 다짐했다. 화를 내면 나뿐만 아니라 타인에게도 부정적인 영향을 미치게 된다. 화를 내는 순간에는 기분이 풀리는 것 같지만 이내 후회하고 만다.

아이를 이해하지 못하고 매를 든 것은 내 마음이 넓지 않기 때문이다. 아이가 사탕에 집착하는 마음처럼 나도 사탕을 주지 않겠다는 마음에 집착했기 때문에 상황을 지혜롭게 넘기지 못한 것이다. 좁은 사고, 좁은 마음이 문제다. 나는 모든 일을 대할 때 넓은 마음을 가지기로 결심했다. 천지의 장구함을 본받아 넓고, 크고, 오래된 마음을 품으리라.

물론 모든 상황에서 화를 내지 않는 것은 어려운 일이다. 어긋나는 상황이 발생할 수도 있다. 하지만 아량 있는 마음을 품겠다는 다짐만으로도 큰 도움이 될 것이다. 저녁 식사를 마치고 아이들에게 말했다.

"이제부터 아빠는 화를 내지 않기로 했어. 그리고 모든 일을 넓은 마음으로 받아들이겠다고 결심했어. 그러니 아빠가 화를 내거나 마음이 작아진 것 같으면 언제든지 말해줘."

아이들은 나를 물끄러미 보다가 엄마를 쳐다봤다.

"당신도 마찬가지야. 내가 화를 내거나 속 좁게 굴면 언제든지 질책해줘."

"하루에 한 번꼴로 화내는 사람이 정말 실천할 수 있겠어요?"

아내는 못 미더워하는 것 같았다. 나는 호언장담했다. 내 의지는 굳건했다.

욕망을 이기고
지혜를 깨우는 명상

그날 밤은 무척 힘겨웠다. 담배를 끊었을 때와 같은 극심한 금단 현상 때문이었다. 얼굴은 빨갛게 달아올랐고 공기를 한껏 들이마셔야 가까스로 마음이 안정됐다. 가만히 앉아 있기도 힘들어서 집 안 여기저기를 초조하게 걸어 다녔다. 이럴 바에는 차라리 술을 마시는 게 나을 것 같았다.

'꼭 오늘부터 지켜야 할 이유가 있을까? 내일부터 해도 상관없을 거야. 딱 한 잔 마신다고 크게 문제 될 건 없잖아?'

나는 술을 마셔야만 하는 온갖 이유를 만들어내는 머리와 지갑을 챙겨 근처 마트로 가려고 들썩이는 몸을 통제하기가 힘들었다. 술을 마시기 위해 어떻게든 합리화하는 자신이 한심스러웠다.

'나는 분명 알코올 중독이야. 어떻게 금주를 결심한 당일부터 술이 이토록 간절할 수가 있지? 그동안 매일 마시기는 했지만 많이 마시지는 않았으니 괜찮을 거라 생각했는데, 전혀 괜찮지 않잖아.'

당장 술을 사러 가고 싶은 마음이 간절했지만 도전에 실패한 자신을 마주하기 싫은 마음이 간신히 행동을 막았다. 노자라면 이런 상황에 어떻게 대처했을까.

'무위로 행동해야 하지 않을까? 지금처럼 억지로 술을 마시지 않는 것은 인위요, 유위요, 작위이지 않을까? 그러니 무위로써 행동하기 위해서는 참고 억누를 것이 아니라 자연스럽게 마시는 것이 더 낫지 않을까?'

나는 술이 먹고 싶어서 무위의 개념까지 끌어들이고 있었다. 궁여지책으로 나는 도덕경을 펼쳤다. 이 상황을 어떻게 극복해야 할지 알고 싶었다.

마침내 나는 적당한 구절을 찾아냈다. 12장에 나오는 구절이 지금 내 마음을 정확하게 설명해주고 있었다.

● 도덕경 12장

<ruby>五<rt>오</rt></ruby> <ruby>色<rt>색</rt></ruby> <ruby>令<rt>령</rt></ruby> <ruby>人<rt>인</rt></ruby> <ruby>目<rt>목</rt></ruby> <ruby>盲<rt>맹</rt></ruby>
五色令人目盲

五音令人耳聾
오 음 령 인 이 농

五味令人口爽
오 미 령 인 구 상

馳騁畋獵 令人心發狂
치 빙 전 렵 영 인 심 발 광

難得之貨令人行妨
난 득 지 화 령 인 행 방

是以聖人爲腹不爲目 故去彼取此
시 이 성 인 위 복 불 위 목 고 거 피 취 차

다섯 가지 빛깔은 사람으로 하여금 눈을 멀게 한다.
다섯 가지 음은 사람으로 하여금 귀를 먹게 한다.
다섯 가지 맛은 사람으로 하여금 입을 어긋나게 한다.
말을 타고 질주하며 사냥하는 것은 사람으로 하여금 마음을 미치게 만든다.
얻기 어려운 재물은 사람으로 하여금 행동이 순조롭지 못하게 한다.
이러한 이유로 성인은 배를 위하고 눈을 위하지 않으며,
그러므로 저것을 버리고 이것을 취한다.

12장의 내용은 현대 사회의 화려하고 복잡하고 소모적인
삶에도 적용할 수 있을 것 같았다. 우리는 찬란한 네온사인에
눈이 부시고, 소음에 귀가 성가시고, 식욕을 불러일으키는 온
갖 음식에 입이 쉴 날이 없다.

우리는 필요 이상의 오색^{五色}, 오음^{五音}, 오미^{五味}에 중독되어 있다. 지금 내가 이렇게 술 생각이 간절한 이유도 오미에 길들여져 중독 증세를 보이는 것이다. 중독은 사람을 본질에서 멀어지게 만든다. 돈에 눈이 멀어 타인의 것을 빼앗으려 하고, 유희를 위해 동물을 죽이며, 온갖 첨단 무기를 만들어 수많은 사람을 살생하기까지 한다. 모두 미친 짓이다. 사람 사이에 신의는 이제 딴 세상 이야기가 됐다.

나는 정신이 번쩍 들었다. 이 중독에서 벗어나려면 어떻게 해야 한단 말인가. 12장 끝에 나오는 '성인은 눈을 위하지 않고 배를 위한다'는 말은 무슨 뜻일까. 아무리 생각해봐도 도저히 의미를 모르겠다. 나는 방석을 깔고 앉아 바른 자세로 정좌한 뒤 명상을 하듯 그 의미를 생각해보았다. 눈을 감고 숨결에 마음을 집중했다. 한결 마음이 안정됐다. 눈을 감으니 외부의 빛이 차단되고 밖으로만 나돌던 감각이 내부로 향했다.

'혹시 이게 눈을 위하지 않는다는 건가?'

눈을 뜨는 것만으로도 신체 내부의 진기가 소모된다는 이야기를 들은 적이 있다. 눈이 외부 세계를 이해할 때 내부의 진기가 사용된다는 것이다. 눈을 감으면 마음이 편안해지고 집중력이 좋아지는 이유도 그 때문인 듯하다.

그렇다면 배를 위한다는 것은 무슨 뜻일까. 숨을 들이쉬고 내쉬면서 배를 위한다는 의미를 생각해보았다.

'배를 위한다. 배, 배, 배.'

아무리 고민해도 모르겠다. 그러나 나는 포기하지 않고 정좌 상태를 유지했다. 시간이 얼마나 흘렀을까. 명상할 때처럼 좀이 쑤시고 다리가 저려왔다.

그러다 문득 술을 마시고 싶은 욕구가 엷어졌다는 사실을 깨달았다. 일단 절반은 성공한 셈이다. 나는 뿌듯한 마음에 가슴을 크게 부풀렸다. 그러자 공기가 코를 통해 들어오면서 가슴이 부푸는 동시에 아랫배도 부풀어 오르는 것을 느꼈다.

저린 발의 위치를 바꾸고 다시 숨을 들이쉬고 내쉬는 것에 집중했다. 공기가 들어갈 때는 배가 나오고 나올 때는 배가 다시 들어가는 것이 보였다.

'혹시 배를 위한다는 말은 숨을 배까지 도달하도록 하라는 뜻이 아닐까?'

왠지 내 생각이 맞을 수도 있다는 예감이 들었다. 단전 호흡도 호흡을 통해 숨과 기를 단전에 모으는 것이 아닌가. 그러나 단전을 인위적으로 부풀리는 방법은 부작용이 많다는 이야기도 들었다. 아마도 무위의 방식이 아니라 유위, 인위, 작위의 방법이기 때문일 것이다.

'그렇다면 무위의 상태로 아랫배까지 숨을 들이쉬는 게 올

바른 방법일 거야.'

나는 계속해서 숨을 쉬면서 아랫배를 관찰했다. 예상대로 부풀었다 쪼그라들기를 반복했다. 평소에는 전혀 의식하지 못한 사실이다. 평상시의 호흡은 가슴으로 하는 호흡이었다. 아랫배의 움직임은 전혀 알아차릴 수 없었다.

'그래, 이것이 올바른 방법일 거야. 무위로 숨을 쉬되 아랫배까지 저절로 숨이 내려가도록 호흡하면서 명상을 하는 거야.'

나는 유레카라도 외치고 싶은 마음이었다. 명상의 요령을 깨닫게 된 것이다. 이제 어떤 상황에서든 고요히 호흡하면서 몸과 마음을 안정시킬 수 있을 것 같았다. 이것은 도덕경 6장에서 말하는 현빈玄牝과 관련이 있다.

● 도덕경 6장

현 빈 지 문　시 위 천 지 근
玄牝之門　是謂天地根
면 면 약 존　용 지 불 근
綿綿若存　用之不勤

현빈의 문, 이를 천지의 근본이라 이른다.
이어지고 이어져서 존재하니, 쓰임에 다함이 없다.

현빈은 우리 몸의 단전과 관련이 있다. 무위의 호흡을 통해 단전으로 호흡을 내린 후 다시 코로 올리는 과정을 반복하는 동안 자연스럽게 지혜가 배어 나온다. 정말 묘한 기분이다. 마치 단전이 우리가 알지 못하는 구조로 우주와 연결된 것 같았다. 의도하지 않았으나 자연스럽게 떠오르는 현묘한 생각들은 무위의 작용이라고밖에 설명할 수 없었다.

호흡을 할 때는 조식調息 호흡법을 사용하며 세 가지를 주의해야 한다. 첫째, 가늘게 들이쉬고 내쉰다. 둘째, 길게 들이쉬고 내쉰다. 셋째, 고르게 들이쉬고 내쉰다.

정신과 신체가 호흡을 통해 안정되는 느낌은 행복을 가져다준다. 종종 짙은 암흑이 보이는 무의식의 상태에 들어가기도 했다. 찰나의 순간이라고 느꼈는데 눈을 뜨면 많은 시간이 흐른 뒤였다. 마치 우주가 내 안에 담긴 듯한 깊고 광대한 체험이었다. 그때 아내가 방문을 열고 들어왔다. 그러나 내가 명상하고 있는 것을 보고 그대로 살며시 문을 닫고 나갔다.

말이 많으면 궁색해진다

명상 덕이라고 해야 할지, 도덕경 덕이라고 해야 할지 모르겠지만 주말 동안 술을 한 방울도 마시지 않았다. 수차례 유혹이 있었지만, 그때마다 명상을 통해 무사히 고비를 넘긴 자신이 대견했다.

명상의 장점은 장소에 구애받지 않고 언제 어디서든 할 수 있다는 점이다. 행주좌와어묵동정行住坐臥語默動靜이라고 했던가. 걷고, 머물고, 앉아 있거나, 누워 있거나, 말하고, 침묵하고, 움직이거나 가만히 있을 때, 즉 일상생활의 모든 상황에서도 가능하다는 의미다.

월요일에도 일찍 일어나 경전을 읽고 명상을 하고 운동을 했다. 술을 마시지 않으니 아침 일찍 일어나는 것도 수월했다. 모든 게 순조로웠다. 아무도 출근하지 않은 이른 아침에 회사에 도착해 자리를 정리한 뒤 동료들이 출근하기 전까지 책을 읽었다. 그리고 그동안 결심한 내용을 메모해 파티션에 자석으로 고정했다.

9시가 다가오자 제일 먼저 오 팀장님이 출근했고, 이어서 박 과장과 김 사원이 출근했다. 다들 출근하자마자 최근 성사된 사업을 효율적으로 추진하기 위해 각자의 일에 몰두했다. 나 역시 내가 맡은 부분에서 문제가 생기지 않도록 여러 가지 고려 사항을 철저하게 확인하고 점검했다. 그 어느 때보다도 집중이 잘됐다.

"한 과장님, 못 보던 걸 붙여 놓으셨네요."

박 과장이 지나가다가 파티션에 붙은 메모를 보면서 말했다.

"오늘 아침에 붙였는데 용케 알아보네."

"가만 보자. 이게 무슨 내용인가요. 새벽에 일어나서 독서하고 명상하고 운동하고 화내지 않고 넓은 마음을 가진다. 그리고 밑에는 한문이네요. 하하하. 재밌네요, 재밌어."

"뭔가 생활의 변화가 필요할 것 같아서 말이야. 한문은 도덕경에 나오는 문구야. 도움이 될 것 같아서 적어놨어."

"한 과장님도 참, 요즘 누가 구닥다리 한문을 씁니까. 요즘

말 따라가기도 벅찬데요."

박 과장이 한쪽 손으로 머리카락을 넘기며 웃었다.

"과학은 놀랄 만큼 발전했지만 인간의 마음은 예나 지금이나 그다지 변한 것이 없어. 그래서 경전과 고전은 아직까지도 많이들 읽지."

박 과장과 내가 대화를 나누자 오 팀장님과 김 사원이 무슨 일인가 싶어 내 자리로 왔다.

"음, 이거 도덕경에 나오는 구절이군. 나도 한때 도덕경에 심취했었는데, 몹시 어렵고 신묘한 이야기가 많아서 이해하기 어려웠지. 하지만 음미할수록 좋은 말들이 많다는 걸 깨달았지. 요즘 한 과장이 도덕경을 읽는 모양인데?"

오 팀장님은 의외라는 듯이 말했다.

"와, 팀장님 대단하세요. 어디에 나오는 글귀인지 바로 알아보시네요."

김 사원이 호들갑을 떨며 말했다.

"영어 리포트 파악할 시간도 모자라는데, 한문이 들어간 경전이 웬 말입니까."

박 과장은 혀를 차고는 이해할 수 없다는 듯 고개를 흔들며 자리로 돌아갔다. 심지어 자리에 앉아서도 나를 보며 허탈하게 웃기까지 했다. 일전에 아내가 내게 보여준 못난 선비는 도를 들으면 크게 비웃는다는 구절이 떠올랐다. 마치 박 과장을 두고 하는 이야기 같았다.

"뭔가를 마음먹는 것은 좋은 일이야. 잘 실천해보라고."

오 팀장님이 내 어깨를 가볍게 치며 말했다.

'음, 도덕경으로 치면 박 과장은 못난 사람에 속하고, 오 팀장님은 뛰어난 사람에 속하고, 김 사원은 어중간한 사람에 속하는 건가?'

나는 미소를 지으며 생각했다. 어떻게 보면 2,500년 전이나 지금이나 사람은 하나도 달라진 게 없다. 그렇기에 여전히 많은 이들이 고전이나 경전에서 해답을 찾는 것이리라.

점심을 먹고 사무실로 돌아오니 대표님이 전 직원에게 보낸 메일이 와 있었다. 입사 이래 처음 있는 이례적인 일이다. 대표님은 전형적인 입지전적의 자수성가형 인물로서 평소에는 있는 듯 없는 듯하지만 회사의 중대한 결정을 내릴 때면 특유의 통찰과 판단력으로 방향을 설정하고 현명한 결정을 내리는 사람이다. 평소 딱히 마주칠 일이 없어서 존재를 의식하지 않아도 됐다. 그래서 역으로 더 편하게 업무에 집중할 수 있었다. 대표님은 어떻게 보면 도덕경 17장에서 말하는 최고의 지도자에 가까운 것 같았다.

● 도덕경 17장

太上 下知有之 其次 親而譽之
_{태 상 하 지 유 지 기 차 친 이 예 지}

其次畏之 其次侮之
_{기 차 외 지 기 차 모 지}

信不足焉 有不信焉
_{신 부 족 언 유 불 신 언}

최고의 지도자는 있는지조차 의식하지 못하는 지도자다.
그다음은 찬양받는 지도자이고, 그다음은 두려운 지도자이며
그다음은 업신여겨지는 지도자다.
믿음이 부족하면 불신이 생겨난다.

이처럼 대부분의 직원들은 '우리 회사에도 대표가 있다' 정
도로 대표님을 인식할 뿐이지, 찬양하거나 두려워하거나 업신
여기지 않았다. 얼핏 보면 자신을 따르는 이들에게 찬양받는
것은 좋아 보일 수 있지만 곰곰이 생각해보면 억지스럽다. 두
려워하는 것은 애초에 올바른 관계가 아니고 업신여기는 것은
전혀 따르지 않는다는 뜻이니 좋은 지도자라고 할 수 없다.

이런 대표님이 전 직원에게 메일을 보냈다는 건 중요한 사
안일 확률이 높다는 뜻이다. 나는 호기심을 품고 메일을 확인
했다. 대표님의 메일은 아래와 같았다.

126

사랑하는 임직원 여러분.

여러분 모두가 업무에 충실히 임해준 덕에 우리 회사는 창업 이후 십 년간 단 한 번도 정체되거나 뒷걸음질하지 않았습니다. 자신의 꿈과 가족의 안녕을 지키며 회사를 위해 물심양면으로 노력하는 여러분의 모습이 눈에 선합니다. 다시 한 번 감사한 마음을 전합니다.

고사성어에 청풍양수淸風兩袖라는 말이 있습니다. '두 소매 안에 맑은 바람만 있다' 라는 뜻으로 맑고 깨끗하여 속세를 초월한 모습과 추호도 재물을 탐내지 않는 청렴결백한 관리를 비유하는 고사성어입니다. 세상에는 온갖 종류의 유혹이 넘쳐납니다. 일을 하다 보면 뜻하지 않아도 달콤한 유혹을 접하게 됩니다. 유혹의 손길에서 벗어나는 데 필요한 것은 청렴한 마음입니다. 초심을 유지해 유혹을 뿌리쳐주시기 바랍니다. 여러분들은 스스로의 양심을 굳게 지키리라 믿습니다.

지금까지 잘해왔듯 앞으로도 지금처럼만 나아가시기 바랍니다. 회사의 모든 공은 바로 여러분들의 것임을 저는 항상 잊지 않고 있습니다. 마지막으로 도덕경의 구절을 인용하면서 글을 마칩니다.

大道廢　有仁義

智慧出　有大僞

六親不和　有孝慈　國家昏亂　有忠臣

대표 이덕충 올림

나는 얼른 가방에서 도덕경을 꺼내 대표님이 인용한 구절을 찾아봤다. 18장이었고 뜻은 다음과 같았다.

● **도덕경 18장**

<ruby>大<rt>대</rt></ruby><ruby>道<rt>도</rt></ruby><ruby>廢<rt>폐</rt></ruby> <ruby>有<rt>유</rt></ruby><ruby>仁<rt>인</rt></ruby><ruby>義<rt>의</rt></ruby>

<ruby>智<rt>지</rt></ruby><ruby>慧<rt>혜</rt></ruby><ruby>出<rt>출</rt></ruby> <ruby>有<rt>유</rt></ruby><ruby>大<rt>대</rt></ruby><ruby>僞<rt>위</rt></ruby>

<ruby>六<rt>육</rt></ruby><ruby>親<rt>친</rt></ruby><ruby>不<rt>불</rt></ruby><ruby>和<rt>화</rt></ruby> <ruby>有<rt>유</rt></ruby><ruby>孝<rt>효</rt></ruby><ruby>慈<rt>자</rt></ruby>

<ruby>國<rt>국</rt></ruby><ruby>家<rt>가</rt></ruby><ruby>昏<rt>혼</rt></ruby><ruby>亂<rt>란</rt></ruby> <ruby>有<rt>유</rt></ruby><ruby>忠<rt>충</rt></ruby><ruby>臣<rt>신</rt></ruby>

대도가 무너지니, 인과 의가 생겨난다.
지혜가 나타나니, 큰 거짓이 생겨난다.
육친이 화목하지 못하니, 효도와 자애가 생겨난다.
나라가 혼란스러우니, 충신이 생겨난다.

인이 있기 전에 큰 도가 있었는데 도가 사라지니 인과 의가 생겨났다. 도는 무위의 절대적인 가치이고 인과 의는 인위적인 가치이기 때문에 도가 있으면 인과 의를 내세울 필요가 없다는 의미다. 성인에게는 도가 언제나 머물러 있기 때문에 인이니 의이니 하는 것이 필요 없다는 뜻이기도 하다. 구절의 의미는 알겠으나 대표님의 의중이 무엇인지는 알 수 없었다.

진실한 말에는 꾸밈이 없고
꾸며진 말에는 진실이 없다

오후에는 팀 회의를 했다. 오 팀장님은 프로젝트의 진행 상황을 확인하고 앞으로 중점적으로 추진해야 할 사항을 점검했다. 그리고 임원 회의에서 나온 사항을 전달했다.

"대표님께서는 회사의 발전이 모두 직원들의 공이라며 창립 10주년을 맞이해 '오늘의 직원상'을 수여하기로 하셨습니다. 회사 차원에서 큰 보상이 있을 겁니다. 대상자 선별은 인사팀에서 추진합니다. 또한 대표님은 앞으로 회사의 미래 가치를 책임질 중요한 사업을 추진하고 계십니다. 향후 계획과 일정은 곧 발표될 겁니다. 틀이 잡히면 조직 개편도 단행될 것 같습니다. 마지막으로 청렴에 대해 말씀하신 건, 저도 그 의미를 잘 모르겠네요. 대외적으로 무슨 일이 있는 것 같기도 합니다만 자세한 건 잘 모르겠습니다. 다만 앞으로는 청렴한 일 처리, 양심에 어긋나지 않는 일 처리가 인사 평가에 굉장히 중요한 기준으로 작용할 것 같습니다. 여러분도 이 점을 유념하시고 업무에 참고하시길 바랍니다."

회의가 끝나자 박 과장이 다리를 꼬면서 말했다.

"요즘 세상에 누가 청렴을 중시합니까. 다들 겉으로는 청렴한 척 행동하지만 뒤로는 제 밥그릇 지키느라 바쁠 겁니다. 안 그런가요?"

최근 박 과장의 행동이 눈에 띄게 과감해졌다. 소문으로는 본부장님 줄을 탔다고 한다. 본부장님과 동향이자 동문이라는 이야기도 들렸다. 그래서인지는 박 과장은 요즘 본부장님과 자주 술자리를 가진다. 나는 '말이 많으면 자주 막히니, 마음에 담아두는 것만 못하다'는 도덕경의 구절을 되뇌면서 조용히 회의 자료를 봤다.

"아니야, 임원 회의에서도 말이 나온 걸 보면 분명 이유가 있을 거야."

오 팀장님은 신중한 태도로 말했다.

"우리 팀한테만 말하는 건데, 제가 알아본 바로는 크게 신경

쓸 일이 아니라고 합니다. 그냥 겉으로만 강조하는 거로 받아들이면 된답니다. 매번 형식적으로 반복되는 그런 이야기 중 하나인 거죠. 신뢰할 만한 소식통의 이야기니까 믿어도 됩니다."

"그 신뢰할 만한 소식통이라는 게 누굽니까?"

김 사원이 속삭이듯 물었다.

"본부장님이지 누구겠어."

"와, 본부장님께 직접 그런 이야기도 듣고, 박 과장님 대단한데요."

김 사원이 눈을 동그랗게 뜨고 말했다. 오 팀장님을 앞에 두고 으스대는 모습이 썩 좋아 보이지는 않았다.

"한 과장은 할 말 없어요?"

오 팀장님이 내게 물었다.

"없습니다."

"자, 이제 다들 각자 맡은 일에 전념하고, 중요한 결정 사항은 저와 상의하고 진행하세요."

나는 자리로 돌아가 앞으로 진행할 일의 스케줄을 확인했다. 직원들은 삼삼오오 모여 대표님의 메일에 대해 수군거렸다. 회사는 어수선했다. 대화 주제는 역시나 오늘의 직원상과 청렴에 대한 이야기였다. 오늘의 직원상을 받는 사람은 두둑한 보너스와 함께 특별 승진까지 시켜준다고 하는데, 받을 사람이 이미 정해져 있다는 소문도 돌았다. 현재 가장 유력한 후보는 박 과장이라고 한다. 박 과장도 이번 프로젝트의 성공을 근거로 자신이 아니면 누가 받겠냐며 여기저기 홍보하고 다니는 모양이다. 나는 그런 박 과장이 이해되지 않았다. 사실 공을 따지자면 오 팀장님이 말씀하신 대로 우리 팀 모두의 공이다. 오로지 자신 때문에 이번 일이 성사됐다고 말하고 다니는 것은 이치에 맞지 않는다.

그러고 보면 역시 사람은 자기 본위로 생각하는 것 같다. 자신이 가장 중요한 일을 하고, 가장 큰 역할을 했다고 생각하는 게 어찌 보면 자연스러운 일인가 싶기도 하다. 그러니까 박 과장도 나도 자신의 공이 가장 크다고 생각하는 것이리라. 하지만 나는 도덕경의 9장과 7장의 뜻에 따라 공을 떠벌리거나 내세우지 않았다.

● **도덕경 9장**

_{공 수 신 퇴 천 지 도}
功遂身退 天之道

공을 이루면 자신은 물러나는 것이 하늘의 도이다.

시 이 성 인 후 기 신 이 신 선　외 기 신 이 신 존
是以聖人後其身而身先 外其身而身存
비 이 기 무 사 사 고 능 성 기 사
非以其無私邪 故能成其私

성인은 자신을 뒤로하여 오히려 앞서고,
자신을 밖으로 하여 지킨다.
그것은 사사로움이 없기 때문이 아니겠는가.
그러므로 능히 그 사사로움을 이룰 수 있다.

청렴에 대한 이야기는 앞으로 전사적 차원에서 추진할 청렴
경영 계획의 사전 포석이라는 이야기가 들렸다. 그동안 계약
성사 전후에 관행처럼 횡횡하던 사전 로비와 사후 리베이트를
없애고 모든 일을 정공법으로 진행하는 방침을 사규에 반영할
예정이라고 한다. 나도 이런저런 이야기에 귀가 솔깃했지만
시간이 지나면 저절로 알게 될 일이니 미리 이러쿵저러쿵 떠
들어대지는 않았다. 그저 내 결심을 매일 실천해나가는 데 집
중했다.

그렇게 일주일을 보냈다. 가끔 본부장님과 오 팀장님이 대
화를 나누는 장면을 목격했다. 두 분은 서로 의견 차이가 있는
지 조용한 대화로 시작해 격렬한 논쟁을 나누기도 했다. 또 본부
장님은 자주 박 과장을 따로 불러내 어떤 지시를 내리곤 했다.

본부장님 방에 들어갔다가 나올 때면 박 과장의 어깨에는 힘이 잔뜩 들어가 있었다. 심지어 오 팀장님과 내가 업무 협조를 구하거나 지시를 내려도 시큰둥한 반응을 보였다.

"일을 왜 그렇게 어렵게들 하시는지."

박 과장은 자기 자리에서 남들이 들도록 그런 말을 내뱉곤 했다. 나는 몇 차례 주의를 주고 싶었지만 참았다. 최고의 선은 만물을 이롭게 하지만 다투지 않는 물과 같다는 '상선약수上善若水'가 떠올랐기 때문이다. 도덕경의 내용이 무조건 옳다거나 반드시 생활에 적용해야 한다는 건 아니지만, 적어도 내게는 큰 도움을 주고 있다. 나는 예전과 비교하면 생활 패턴 자체가 바뀔 정도로 도덕경을 생활 전반에 적용하고 실천하는 데 익숙해졌다.

군자는 때가 되면 관리가 되지만
때를 놓치면 바람에 이리저리 날리는 쑥처럼 떠돌이가 되오.
훌륭한 상인은 아무것도 없는 사람처럼 보이고
덕이 있는 군자는 어리석은 것처럼 보인다고 들었소.
그러니 그대는 교만과 지나친 욕망, 위선적인 표정과 끝없는 야심을 버리시오.

– 사마천 『사기』, 「노장신한열전」 중에서

3장

현명한 사람은
빛나되 눈부시지 않다

예리하되 찌르지 않으며,
솔직하되 제멋대로 하지 않고,
빛나되 눈부시지 않다.

구두 수선사와의 언쟁

금요일 퇴근길, 나는 깊은 상실감과 좌절감에 빠져 집으로 돌아왔다. 삶의 의미를 잃어버렸던, 도덕경을 읽기 전의 나로 돌아갔다. 모든 것은 한순간에 무너졌다. 사람 일은 정말 한 치 앞도 알 수가 없다. 화내지 않고 넓은 마음을 지니겠다는 결심도 모두 물거품이 됐다. 아내가 걱정스럽게 물었다.

"당신 무슨 일 있어요?"

나는 아무 대답도 하지 않고 긴 한숨을 내쉬었다. 남이 들으면 굉장히 사소한 문제였기 때문에 말하기도 싫었다. 자신이 너무 한심스러웠다.

"괜찮으니까 말해봐요."

나는 망설이다가 자초지종을 설명했다. 사정은 이랬다.

오후에 사무실로 구두 수선사 아저씨가 찾아왔다. 내 구두를 보더니 좋은 신발은 깨끗이 신어야 한다며 자신에게 맡기라고 했다. 나는 한번 신발을 사면 낡아서 버릴 때까지 방치하는 스타일이라 거절하고 업무에 집중했다. 하지만 아저씨는 돌아가지 않고 오천 원이면 말끔하게 닦아준다면서 재차 권유했다. 나는 하는 수 없이 신발을 벗었다. 오천 원이면 부담 없는 금액이고 깨끗해서 나쁠 건 없으니까. 그리고 아저씨의 손에 신발이 하나도 들려 있지 않은 걸 보니 어쩐지 나라도 맡겨야 할 것 같은 기분이 들었다.

그렇게 신발을 맡기고 다시 업무에 집중했다. 퇴근 시간 전쯤 구두 수선사 아저씨가 신발을 가져왔다. 정말 말한 대로 말끔하게 닦여 윤이 났다. 반짝거리는 신발을 보니 흡족했다. 그런데 다시 보니 깔창과 밑창이 달랐다. 기존 깔창 위에 다른 깔창을 덧붙였고 밑창의 뒤쪽 굽 부분에는 얇은 밑창을 새롭게 덧댔다. 왜 말도 없이 수선을 한 건지 의아했다. 나는 닦는 것만으로 충분했고 달라진 신발이 그다지 마음에 들지 않았다. 가격이 얼마냐고 물어보니 아저씨는 오만 원을 달라고 했다.

"그래서 그 돈을 다 줬어요?"

아내가 깜짝 놀라며 물었다.

"아니, 다 주지는 않았어."

"그럼요?"

나는 처음에 말한 오천 원이랑 다르지 않냐고 물었다. 그랬더니 아저씨는 신발을 닦은 것과 깔창, 밑창 수선한 것을 합해서 오만 원이라고 이야기했다. 나는 왜 애초에 요청하지도 않은 수선을 임의로 하고는 돈을 요구하느냐고 따졌다. 뭔가 착오가 있는 듯했다.

"그랬더니요?"

"수선은 처음에 이야기했다는 거야. 그래서 가만히 생각해보니 아저씨가 여름에는 깔창에 땀이 찰 거고, 장마철에는 밑창에 물이 들어가니까 덧대면 좋다고 말한 게 생각나더라고."

나는 한숨을 푹 쉬며 말했다.

"그러니까 아저씨가 수선하면 좋다는 말은 했는데 당신은 그걸 단순히 이야기로만 받아들인 거고 아저씨는 수선해달라는 뜻으로 알아들었다는 거네요?"

"그런 셈이지. 하지만 아저씨는 닦는 비용만 말했으니까 나는 생각지도 못했어."

"그래서 얼마를 줬어요?"

"삼만 원. 큰소리로 언쟁하고 실랑이해서 겨우 깎은 가격이야."

"이미 지나가버린 일이니까 신경 쓰지 말아요."

"그런데 돈을 준 다음에 신발을 신고 걸어보니까 깔창이 너무 미끈거려서 불편한 거야. 당신도 알지만 나는 신발 안에서 발이 제멋대로 움직이는 걸 싫어하잖아. 그리고 밑창도 원래 신발 색이랑 안 맞아서 조잡하게 느껴지는 거야."

나는 계속해서 말했다.

"그래서 근처 백화점에 가서 깔창만이라도 원래 제품으로 구해보려고 했는데 여분이 없대. 결국 그냥 신을 수밖에 없는 거지."

"당신이 유일하게 비싸게 주고 산 신발인데……. 그리고 오만 원이면 굉장히 비싼 가격이에요. 물론 삼만 원만 줬지만."

"차라리 오만 원을 다 줬어야 했을까?"

"우리 사정도 생각해야죠."

"사실 오만 원이 비싸기는 하지. 그보다 삼만 원으로 깎는 과정에서 큰소리로 언쟁한 사실이 더 안타까워. 그동안 결심했던 게 물거품이 됐어. 돈 때문에 결심이 어긋나버린 거잖아."

"하지만 애초에 당신이 동의한 것도 아닌데 임의로 수선하고 무작정 돈을 달라는 건 옳지 않아요. 그렇게 영업하는 것부터가 문제예요."

"그래, 문제가 있지. 다른 동료도 같은 수법에 당해서 하는 수 없이 오만 원을 냈다고 하더라고."

"그것 봐요. 당신 잘못이 아니라 그 아저씨의 영업 방식이 문제라니까요."

아내의 위로는 고마웠지만 나는 여전히 괴롭고 후회스러웠다.

왜 정확하게 비용을 물어보지 않았을까, 큰소리로 언쟁을 해야만 했을까, 과연 노자라면 이 문제에 어떻게 대처했을까.

나는 머리를 쥐어뜯었다. 그동안 지켜왔던 것들이 한순간에 무너진 것도 아쉬웠지만 이런 사소한 일로 결심을 포기해버리는 스스로에 대한 자괴감이 더 컸다. 어떻게 보면 아저씨에게도 아저씨 나름의 사정이 있는지 모른다. 돈이 급하게 필요하다든지, 그 업계는 원래 그런 식으로 영업한다든지……. 생각할수록 속상했다. 도덕경 36장에서 말하는 것을 알면서도 지키지 못했다.

● **도덕경 36장**

유 약 승 강 강
柔弱勝剛强

부드럽고 약한 것은 굳세고 강한 것을 이긴다.

'아, 세상일이 이렇게 어려운 것이었나. 과연 옛 성현들은 이런 문제에 어떻게 대처했을까. 나는 얼마나 더 노력하고 도를

닦아야 이런 일에도 마음 상하지 않는 지혜와 깨달음을 얻을 수 있을까.'

나는 사소한 일로 큰소리를 내며 언쟁을 했고, 어떻게든 상대를 이기려고만 했다. 고작 이런 일로 다투는 걸 보니 나는 도에 가깝지 않은 사람인 것 같았다.

분노는 사람을 하찮게 만들고 용서는 사람을 성장시킨다

몸도 마음도 지쳐버린 나는 늦잠을 잤다. 독서도, 명상도, 운동도 모두 하지 않았다. 소파에 누워 이리저리 뒤척이며 빈둥거렸다. 밥도 먹기 싫었다. 아이들과 놀아주기도 귀찮았다. 그냥 쓸데없는 망상의 꼬리를 물며 시간을 보냈다.

모든 것이 후회됐다. 어쩌면 애초에 쓸데없는 짓을 했다는 생각까지 들었다. 어째서 화내지 않고, 모든 일에 넓은 마음을 지니겠다는 결심 같은 걸 해버렸을까. 생각해보니 모든 게 도덕경 49장에서 시작되었다.

성 인 무 상 심　이 백 성 심 위 심
聖人無常心 以百姓心爲心
선 자 오 선 지　불 선 자 오 역 선 지　덕 선
善者吾善之 不善者吾亦善之 德善
신 자 오 신 지　불 신 자 오 역 신 지　덕 신
信者吾信之 不信者吾亦信之 德信
성 인 재 천 하 흡 흡　위 천 하 혼 기 심
聖人在天下歙歙 爲天下渾其心
백 성 개 주 기 이 목　성 인 개 해 지
百姓皆注其耳目 聖人皆孩之

성인은 고정된 마음이 없고, 백성의 마음을 자신의 마음으로 삼는다.
선한 자에게 나는 선으로 대하고,
선하지 않은 자에게도 나는 선으로 대하니, 선이 이루어진다.
신의 있는 자에게 나는 신의로 대하고,
신의 없는 자에게도 나는 신의로 대하니, 신의가 이루어진다.
성인이 천하를 살핌에 모든 것을 감싸 안으니,
백성은 눈과 귀를 세우고, 성인은 모두를 어린아이처럼 다룬다.

'선한 사람에게 선으로 대하고, 선하지 않은 사람에게도 선
으로 대한다. 그래서 선이 이루어진다. 신의 있는 사람에게 신
의로 대하고, 신의 없는 사람에게도 신의로 대한다. 그리하여
신의가 이루어진다.' 나는 이 구절에 크게 매료되어 위와 같은
결심을 했다. 그런데 고작 구두 때문에 망쳤다. 자신에게 크게

실망했다. 내 결심이 굳건하지 못하다는 사실이 이 사건으로 밝혀졌다. 나는 멀어도 한참 멀었다.

"고작 그런 일 때문에 의기소침해지고 그래요. 앞으로 잘하면 되잖아요. 누구도 당신을 비난하지 않아요. 그러니 상심하지 말아요."

아내의 위로에 나는 가까스로 침대에서 일어났다. 간단히 아침 겸 점심을 먹고 책상에 앉았다. 이 책 저 책을 집어 들다가 다시 내려놓았다. 나는 노트를 꺼내 다시 도덕경을 필사했다. 도덕경 말고는 그 어떤 것도 위안이 되지 않을 것 같았다.

그러다 불현듯 한 가지 생각이 떠올랐다.

'내가 겪는 모든 좋은 일이 좋은 일이 아니고, 나쁜 일이 나쁜 일이 아니다.'

그렇다. 나 자신에게 실망한 탓에 상황을 부정적으로만 생각했으나 내가 어제 겪은 일이 꼭 나쁜 일이라고 볼 수만은 없다. 그렇다면 나쁜 일이 아니도록 만들기 위해서는 어떻게 해야 할까. 어제의 사건을 계기로 성장하려고 노력하면 되지 않을까. 전화위복轉禍爲福이나 새옹지마塞翁之馬라는 말도 있지 않은가.

도덕경 58장에도 이와 비슷한 이야기가 나온다.

화 혜 복 지 소 의   복 혜 화 지 소 복
禍兮福之所倚 福兮禍之所伏

숙 지 기 극   기 무 정
孰知其極 其無正

정 부 위 기   선 부 위 요 , 인 지 미   기 일 고 구
正復爲奇 善復爲妖 人之迷 其日固久

시 이 성 인 빙 이 불 할   염 이 불 귀
是以聖人方而不割 廉而不劌

직 이 불 사   광 이 불 요
直而不肆 光而不燿

화는 복이 의지하는 곳이고, 복은 화가 숨은 곳이다.
누가 그 끝을 알겠는가. 그 정해짐이 없다.
바른 것이 다시 기이한 것이 되고, 선한 것이 다시 요사스러운 것이 되니,
사람이 미혹된 날이 참으로 오래됐다.
이러한 이유로 성인은 바르되 해치지 않고, 날카롭되 상처 입히지 않고,
곧되 방자하지 않고, 빛나되 눈부시지 않다.

이 구절은 내게 큰 위안을 줬다. 사실 나뿐만 아니라 나와
언쟁을 벌였던 아저씨도 절대적으로 옳거나 옳지 않은 것이
아니다. 그러니 우리는 서로를 상처 입히지 않고, 방자하지 않
고, 너무 눈부시게 하지 않으려는 노력을 하면 되는 게 아닐까.
　나는 자세를 바르게 하고 나머지 구절을 정성스레 필사했
다. 그리고 얼마의 시간이 흘렀을까. 마침내 도덕경의 마지막

인 81장까지 모두 필사했다. 필사하는 동안 마음은 고요했다. 연필과 종이의 마찰음만 들렸다. 16장에서 말하는 상태를 온전히 체험했다.

● 도덕경 16장

_치 _허 _극 _수 _정 _독
致虛極 守靜篤

비움에 이르기를 극진히 하고, 고요함을 지키기를 돈독히 하라.

머릿속의 잡념과 망상이 사라지는 게 느껴졌다. 세상 그 어떤 소음도 내게 범접하지 못했다. 완전한 고요가 내게 다시 활력을 불어넣었다.

어제의 화를 화로 남기지 않았다는 사실에 뿌듯했다. 몸과 마음에 새로운 힘이 넘쳤다. 나는 문을 열어젖히고 거실로 나갔다. 마치 어떠한 두려움도 없이 전쟁에 나서는 군인 같았다.

'이제 스스로 마음을 다스릴 수 있어. 나는 이제 도덕경을 관통하는 삶을 살아갈 거야.'

물론 호기로운 생각이다. 시간이 지나면 또 작아지겠지만 지금은 이 상태를 즐기고 싶을 뿐이다. 그 어떤 상황도 의연하게 대처하는 마음을 가진 것 같았다.

중요한 일과 시급한 일

세상에는 시급하지만 중요하지 않은 일이 있고 시급하지는 않지만 중요한 일이 있다. 많은 사람이 시급하지만 중요하지 않은 일을 먼저 처리하면서 산다. 나 또한 그렇게 살았다. 그러나 우리는 시급하든지 시급하지 않든지 중요한 일을 먼저 처리하는 지혜를 가져야 한다.

당장 급한 불을 끄는 것이 현명하게 보일지도 모른다. 누군가는 옆에서 재촉할 것이다. 하지만 시간이 흐른 뒤에 보면 급한 일부터 처리한 사람과 중요한 일부터 처리한 사람의 차이는 놀라울 정도로 벌어져 있다.

'내게 가장 중요한 일은 뭘까.'

나는 고민했다. 매일 실천해야 할 중요한 일이 무엇인지, 그리고 그것을 어떻게 효율적으로 실천할지를 생각했다. 독서, 명상, 운동은 반드시 해야만 하는 중요한 일이다. 그렇다면 이것 외에 필요한 것은 무엇이 있을까.

'글쓰기가 필요하지 않을까?'

독서를 통해 사고의 폭을 넓히고, 명상을 통해 지혜의 깊이를 더했다면, 그다음은 글쓰기를 통해 발현해야 한다. 읽기만 해서는 아무런 소용이 없다. 독서는 어떠한 형태로든 삶을 변화시켜야만 의미가 있다.

그래서 나는 글쓰기를 추가했다. 여기에 기상 시간도 추가했다. 어찌 보면 가장 중요한 것은 기상이다. 실천하는 시간은 새벽으로 정했다.

이제 대략적인 계획이 잡혔다. 나는 이 모든 계획을 표로 만들었다. 기록하지 않으면 내가 무엇을 했는지 알 수 없으므로 표를 만들어 기록하려는 것이다. 제대로 실천했는지 매일 점검하고 확인하기 위함이다.

새벽에 일어나서 독서, 명상, 글쓰기, 운동을 30분씩 한다. 중요하지만 급하지 않은 일들이다. 그래서 더욱 먼저 해야 한다. 만약 기상에 실패하거나 다른 사정 때문에 실천하지 못했다면 그날 일과 중에라도 시간을 내어 달성해야 한다. 성공한다면 나는 더욱 넓어지고, 깊어질 것이다. 왜 이런 쓸데없는 짓을 하느냐고 비웃어도 좋다. 웃음거리가 되지 않으면 도라고 할 수 없다.

나는 방문을 열고 거실로 나갔다.

"하하하."

웃음이 절로 났다. 그러나 아직 무언가 부족하다는 느낌이 들었다. 나는 그 이유를 찾기 위해 방으로 되돌아가 도덕경을 넘기면서 생각했다.

'맞아, 바로 이거야! 이 구절을 표 하단에 적자. 그러면 펼쳐 볼 때마다 긍정적인 기운을 얻을 수 있을 거야.'

나는 도덕경 55장과 59장의 구절을 종이 말미에 적었다.

● 도덕경 55장

含德之厚 比於赤子
蜂蠆虺蛇不螫 猛獸不據 攫鳥不搏

덕을 두터이 머금은 자는 갓난아이와 같다.
벌과 전갈과 독사가 물지 않고, 맹수가 덤비지 않으며,
움키는 새도 채가지 않는다.

● 도덕경 59장

중 적 덕 　즉 무 불 극
重積德 則無不克

무 불 극 　즉 막 지 기 극
無不克 則莫知其極

막 지 기 극 　가 이 유 국
莫知其極 可以有國

거듭 덕을 쌓으면 이겨내지 못할 것이 없다.
이겨내지 못할 것이 없으면 그 끝을 알 수 없다.
그 끝을 알 수 없으면 나라를 얻을 수 있다.

　소리 내어 한 번 읽어보니 알 수 없는 기운이 내게 스며드는 것 같았다. 구절을 쓰고 읽는 것만으로도 이렇게 온화하고 강인한 힘이 느껴지다니, 도덕경의 힘은 실로 대단한 것 같다. 나는 감탄하면서 깊게 심호흡을 했다.

비워야 담을 수 있다

나는 도덕경을 처음부터 다시 읽었다. 이번이 세 번째다. 3장
에 이르자 세 번째 읽는 것임에도 불구하고 복잡하게 얽혀 있던
마음의 실타래가 한순간에 풀리는 것 같았다.

● **도덕경 3장**

<ruby>爲<rt>위</rt></ruby> <ruby>無<rt>무</rt></ruby> <ruby>爲<rt>위</rt></ruby> <ruby>則<rt>즉</rt></ruby> <ruby>無<rt>무</rt></ruby> <ruby>不<rt>불</rt></ruby> <ruby>治<rt>치</rt></ruby>

爲無爲 則無不治

무위로 행하면, 다스리지 못할 것이 없다.

처음 도덕경을 접한 후 노자처럼 살려고 무리하게 노력한 것 자체가 무위의 삶이 아니라는 사실을 깨달았다.

또한 우리가 지켜야 할 가치를 강조하는 이유는 그것이 제대로 이루어지지 않기 때문이라는 것도 알게 됐다. 과거에 열녀비를 세우고 효부와 충신에게 상을 내렸던 이유도 열녀와 효부와 충신이 드물었기 때문이다. 모두가 열녀이고, 효부이고, 충신이면 굳이 가려낼 필요가 없다. 먹고, 자고, 싸는 것은 자연스럽다. 이렇듯 함이 없는 함, 즉 위무위爲無爲의 상태일 때 모든 것은 물 흐르듯 순리대로 흘러가게 된다.

마찬가지로 내가 가훈을 정하려는 것도 지금까지 가족을 하나로 묶는 구심점이 없었다는 사실을 증명한다. 대표님이 청렴을 강조한 이유도 청렴하지 못한 일들이 벌어지기 때문이다. 이 모든 것이 무위가 아닌 인위 때문에 발생한 일이다. 나는 무릎을 탁 쳤다.

'맞아. 무위의 뜻이 이거였어.'

오늘날 뉴스에서 가장 높은 비중을 차지하는 내용은 정치다. 정치가 올바르게 이루어지지 않기 때문이다. 만약 정치가 제대로 이루어지고 있다면 정치 이야기를 많이 할 필요가 없다. 나부터도 자신을 돌보는 수신修身과 가정을 돌보는 제가齊家를 제대로 하지 못했기 때문에 계획표를 만들고 가훈을 정하려는 것이다.

하지만 나처럼 평범한 사람은 작위, 인위, 유위의 과정이 필요하다. 그 과정을 거쳐 무위를 깨달아야 한다. 처음부터 무위의 경지에 오른다면 더할 나위 없겠지만 성현이 아닌 나로서는 어려운 일이다. 나는 고민이 깊어졌다.

'과연 올바른 삶이란 무엇이고 어떻게 행동해야 할까. 이 짧은 생, 대체 무엇을 기준으로 살아가야 할까.'

도대체 알 수 없는 문제뿐이었다.

나는 베란다에서 빨래를 너는 아내에게 다가가 허리를 두 팔로 꼭 감싸 안았다.

"대낮에 무슨 짓이에요. 누가 보기라도 하면 어쩌려고요."

내 느닷없는 행동에 아내가 깜짝 놀라며 말했다.

"이렇게 잠깐만 있으면 안 될까? 마음이 너무 공허해."

나는 아내를 안은 채 그 자리에 한동안 서 있었다. 아내도 가만히 있어주었다. 한참을 그러고 있다가 아내가 내 팔을 풀었다.

"저도 때로는 사는 게 힘들고 근본적인 의문이 들기도 해요. 아마 이 세상 모든 사람이 그럴 거예요. 하지만 태어난 이상 살아가는 수밖에 없어요. 다른 방법이 없잖아요. 우리는 그저 살아가는 수밖에 없어요."

아내는 모든 것을 통달한 사람 같았다.

"그래, 당신 말이 맞아. 나도 그렇게 느끼고 있어. 그런데도 가슴이 뻥 뚫린 것만 같아. 거센 바람이 나를 관통하는 것 같고 모든 것을 빨아들이는 블랙홀이 내 생각, 감정, 말, 행동을 모두 흡수하는 듯한 기분이야. 도무지 어찌할 바를 모르겠어."

아내는 연민의 표정을 지었다. 아내도 어찌해줄 수 없기 때문일 것이다.

삼십 대 중반인 나는 아직 살아갈 날이 더 많다. 그런데 벌써 이런 생각이나 하고 있으니 앞으로의 인생이 걱정됐다.

'과연 이렇게 어지럽고 혼란스러운 세상에서 올바른 가치관을 유지하며 살 수 있을까?'

그러나 사람들은 별일 없다는 듯이 살아간다. 오직 나만 홀로 괴로운 것 같았다.

나는 방으로 돌아갔다. 방석 위에 정좌하고 눈을 감은 뒤 호흡에 집중했다. 세상을 뒤로하고 그저 무심하게 앉아 있기만 했다. 머릿속에 떠오르는 온갖 상념을 없애려 하지 않고 그냥 그대로 바라봤다. 흐르는 강물에 그것들을 실어 보낸다는 생각으로 하나씩 하나씩 흘려보냈다. 그러자 신기하게도 명상할 때마다 나를 방해하던 망상들이 서서히 사라졌다. 그때 도덕경 48장의 내용이 떠올랐다.

● **도덕경 48장**

爲學日益 爲道日損
損之又損 以至於無爲
無爲而無不爲

학문의 길은 하루하루 더해가는 것이고,
도의 길은 하루하루 덜어내는 것이다.
덜어내고 또 덜어내면 무위에 이르고,
무위에 이르면 이루지 못할 일이 없다.

우리는 모든 것을 쌓으려 한다. 물건, 돈, 사람, 명예 등 귀하게 여겨지는 것은 물론이고 생각, 고민, 갈등, 후회까지도 쌓아둔다. 그렇게 더하기만 하는 삶이 우리의 인생이다. 그러니 온갖 것에 신경이 쓰이고 고통스럽다.

그러나 도의 길은 덜어내는 길이다. 무엇인가 손에 쥐려면 먼저 들고 있는 걸 내려놔야 한다. 하지만 평범한 사람은 쉽게 덜어내지 못한다. 작은 것이라도 없어지려 하면 조바심을 내고 초조해한다. 어떻게든 끌어안으려 한다. 설령 그것 때문에 다른 것을 얻지 못할지라도, 그것이 되레 고통과 근심으로 변할지라도 말이다. 도덕경 11장에는 무의 유용함에 대한 구절이 있다.

삼 십 폭 공 일 곡　당 기 무　유 거 지 용
三十輻共一轂 當其無 有車之用
선 식 이 위 기　당 기 무　유 기 지 용
埏埴以爲器 當其無 有器之用
착 호 유 이 위 실　당 기 무　유 실 지 용
鑿戶牖以爲室 當其無 有室之用
고 유 지 이 위 리　무 지 이 위 용
故有之以爲利 無之以爲用

서른 개의 바퀴살이 하나의 바퀴통에 모여드는데,
그 가운데가 비어 수레의 쓰임이 있다.
찰흙을 반죽하여 그릇을 만드는데,
그 가운데가 비어 그릇의 쓰임이 있다.
문과 창을 뚫어 방을 만드는데,
그 가운데가 비어 방의 쓰임이 있다.
그러므로 있음이 이롭게 되는 것은 없음이 작용하기 때문이다.

가득 찬 그릇이나 방은 쓸모가 없다. 비어 있어야 담을 수
있고 들어갈 수 있다. 그렇다면 나도 비우는 자세로 살아가야
하지 않을까. 실생활에서 어떻게 비움을 실천해야 할까. 먼저
물질적인 것을 비워야 할까. 아니면 마음을 비우라는 이야기
일까. 나는 의미를 쉽사리 파악하지 못한 채 막연히 비우는 것
에 대해서만 생각했다.

저녁이 되자 아내가 푸짐한 저녁상을 차려주었다. 내가 마

음이 허하고 체력도 떨어진 것 같아서 준비했다고 한다. 가족 모두 식탁에 둘러앉았다. 불고기부터 얼큰한 찌개, 맛깔스러운 반찬들에 샐러드까지 있었다. 나와 아이들은 감탄했다.

"이렇게나 많이 준비하느라 힘들었겠어."

"엄마 진짜 대단해. 오늘 누구 생일이야?"

우리는 풍성한 식탁에 앉아 맛있게 저녁을 먹었다. 아이들은 단 한 톨의 밥알도 남기지 않았다. 오후에 간식을 먹지 않아서 배가 고팠을 것이다. 게다가 아내의 정성스러운 요리가 무척 맛있기도 했다. 나도 마찬가지였다. 오후 내내 방에 틀어박혀 명상을 했더니 배가 텅 비었고 에너지도 많이 소비됐다. 아내의 정성이 너무나 고마웠다.

생각해보니 비움의 이로움이 식사에도 적용되는 것 같다. 평소에는 아이들이 밥을 남기기 때문에 억지로라도 먹이려는 실랑이를 벌여야만 했는데, 배가 비어 있으니 편식도 하지 않고 한 그릇을 뚝딱 비워냈다. 도덕경의 지혜는 정말 생활의 모든 곳에 적용할 수 있다.

저녁 식사 후 아이들은 장난감과 동화책을 정리했고 나는 설거지를 했다. 아내는 그사이에 휴식을 취했다. 나는 설거지를 마친 다음 아이들과 놀아주었다. 평소 아내는 내게 아이들과 놀아달라고 부탁했지만 나는 언제나 피곤하다는 핑계를 대며 나중으로 미뤘다. 그러나 오늘은 아내를 쉬게 해주고 싶었다. 나는 아이들과 『어린이 사자소학』이라는 책을 읽으며 서당 훈장님 흉내를 냈다.

"부생아신父生我身, 모국오신母鞠吾身!"

"부생아신父生我身, 모국오신母鞠吾身!"

내가 소리 내어 읽으면 아이들이 큰 소리로 따라 읽었다.

"아버지는 내 몸을 낳게 하시고, 어머니는 내 몸을 기르셨네!"

"아버지는 내 몸을 낳게 하시고, 어머니는 내 몸을 기르셨네!"

아이들은 무척 즐거워했다.

'응? 별것도 아닌데 이렇게 재미있어 하나?'

나는 수염을 쓰다듬는 시늉을 하며 헛기침을 했다. 아이들에게 양반 다리를 시키고 두 손을 배꼽에 얹도록 한 뒤 다음 장을 읽었다.

"이의온아以衣溫我, 이식활아以食活我!"

"이의온아以衣溫我, 이식활아以食活我!"

"옷을 입혀 나를 따뜻하게 해주시고, 음식을 먹여 나를 키우셨네!"

"옷을 입혀 나를 따뜻하게 해주시고, 음식을 먹여 나를 키우셨네!"

아이들 목소리가 점점 커지니 나도 흥이 났다.

사자소학을 마친 다음에는 공손하게 인사하는 법을 가르쳤다. 즉석 무대를 만들어 배꼽 인사와 자기소개를 하고 좋아하는 노래를 부르게 했다. 언니가 먼저 하고 동생은 그런 언니를 흉내 냈다. 서로의 노래를 따라 부르기도 하고 실수를 하면 배꼽을 잡고 깔깔거렸다. 우리가 너무 즐겁게 놀았는지 TV를 보던 아내가 무슨 일인지 보러 왔다. 재인이의 노래가 끝나자 우리 가족 모두 박수를 치며 환호했다.

그날 저녁 우리 가족은 시간 가는 줄 모르고 즐겁게 놀았다. 아이들은 조금 더 놀자며 졸랐다. 앞으로 서로 사이좋게 지내고 엄마 말 잘 들으면 다음에 또 사자소학 놀이를 해주겠다고 약속했다. 놀이를 통해서 아이들의 재롱도 보고 평소에 해보지 못한 대화도 나눌 수 있었다. 비싼 선물을 사주는 것도 좋지만 함께 시간을 보내는 것 이상의 교육은 없다.

'그래, 아이를 위한다는 명목으로 비싼 과외를 시키는 것보다 함께 시간을 보내는 게 낫다. 근데 설마 내가 돈을 많이 못 번다는 자격지심에 이런 생각을 하는 건 아니겠지? 그렇다고 하더라도 삶은 그리 길지 않아. 이제 내 나이도 삼십 대 후반을 바라보잖아. 아이들은 몇 년 안에 부쩍 커버리겠지. 가족보다는 친구가 더 좋아질 테고, 그때는 함께 지내고 싶어도 못 할 거야.'

그래서 나는 결심했다.

'좋아. 무조건 하루에 30분은 아이들과 함께하자. 공부하든, 책을 읽든, 옛날이야기를 들려주든 온전히 아이들에게 쓰자. 30분은 하루 24시간 중 고작 2퍼센트다. 아이들을 위해 하루의 2퍼센트도 못 쓰는 건 말이 안 된다.'

나는 그런 생각을 하며 잠을 청했다. 포근한 이불과 기분 좋게 나른한 몸, 알 수 없는 뿌듯함으로 무척 평화롭게 잠이 들었다.

오늘의 직원상의 의미

"이번 포상 추천 대상자로 한 과장님과 박 과장님이 나란히 올라왔던데요. 박 과장님을 어떻게 생각하십니까."

인사 팀 담당자는 내가 건네준 공적 조서를 살펴보면서 물었다.

"굉장히 의욕적이고 일도 잘하는 친구입니다. 비록 저보다 입사는 늦었지만, 미래에는 우리 회사의 주역이 될 가능성이 높은 인재입니다."

나는 박 과장을 칭찬했다. 그다지 칭찬하고 싶은 생각은 없었지만 도덕경 9장의 '공을 이루면 자신은 물러나는 것이 하늘의 도이다'라는 내용이 생각났기 때문이다.

"아, 그렇습니까?"

인사 팀 담당자는 고개를 갸우뚱했다.

"왜 그러십니까?"

"사실 오전에 이미 박 과장님과 면담을 마쳤는데요. 지금처럼 박 과장님에게 한 과장님에 대해 물으니 한 과장님을 좋지 않게 평가했습니다."

"하하하, 뭐 그럴 수도 있지요."

나는 호탕하게 웃으며 머리를 긁적였다.

면담을 마치고 내 자리로 돌아와 업무를 봤다. 박 과장을 흘 긋 보니 누군가와 열심히 통화하고 있었다. 나로서는 내가 포 상을 받든, 박 과장이 받든 상관없었다. 어차피 우리 팀이 받는 것이니 둘 중 누가 받게 되든 그것은 오 팀장님과 나, 그리고 박 과장과 김 사원이 공동으로 받는 것이라고 생각했다.

나는 300페이지가 넘는 사업계획서를 점검했다. 일 년에 30억씩 3년 동안 진행되는 사업이다. 100억 가까운 자금이 투입되는 중요한 사업인 만큼 개발에 차질이 없어야 하고, 행 정적인 면에서도 문제가 발생하지 않아야 한다.

오전 업무를 마무리하고 팀원들과 함께 점심을 먹는데, 오 팀장님이 면담에 관해서 물었다. 박 과장이 대답했다.

"저야 뭐 사실대로 이야기했을 뿐입니다. 제가 한 일을 자세 히 설명하고 그게 왜 중요한 일인지 알려줬으니까 판단은 인사위원회에서 하겠죠. 한 과장님은 어땠어요?"

"나도 내가 한 일을 잘 설명해줬지."

"설마 제 험담을 늘어놓거나 하신 건 아니겠죠?"

"그럴 리가 있겠는가. 오히려 박 과장을 일 잘하는 사원이라고 마구 칭찬했는걸."

"그렇다면 사실대로 말씀하신 게 맞네요. 하하하."

박 과장은 파안대소했다.

"누가 상을 받게 되더라도 개인이 잘해서 받는 게 아니야. 우리 팀원 모두가 열심히 일했기 때문에 받는 거지. 그 점을 꼭 명심해주길 바라네."

오 팀장님이 박 과장과 나를 번갈아 보며 말했다. 박 과장도 나도 고개를 끄덕였다.

나는 상 욕심이 없다. 학창 시절에도 좀처럼 상을 받지는 못했지만 그렇다고 해서 실망하거나 낙오했다고 생각한 적은 없다. 나는 그저 의미 있게 살고 싶었다. 학교에서 주는 상은 졸업 후엔 쓸모가 없다. 회사에서 주는 상도 마찬가지다. 그렇다면 무엇이 의미 있는 건지 골똘히 생각해보았지만 쉽사리 떠오르지는 않았다.

"자, 식사 다 하셨으면 커피는 제가 사겠습니다."

박 과장이 자리에서 일어나며 말했다.

"어쩐 일이세요. 벌써 좋은 일이라도 생기신 거예요?"

김 사원이 박 과장을 따라나서며 말했다.

"다 알면서 왜 그래."

"포상 대상자가 벌써 정해졌다는데, 박 과장님이 받게 된 거예요? 맞죠? 그런 거죠?"

"아, 그런 말이 벌써 돌아? 소문 한번 빠르군. 나도 아직 못 들은 이야기인데. 하하하."

"그렇다면 커피가 아니라 술을 사셔야죠, 술을."

박 과장과 김 사원은 서로 대화를 주고받으며 식당을 나섰다. 오 팀장님이 내 어깨를 토닥였다.

"기다려 보라고. 아직 결정된 건 아니니까."

나는 머쓱해져서 그냥 괜찮다고 말했다.

사실 본부장님이 박 과장을 밀어준다는 소문은 예전부터 나돌고 있었다. 동시에 오 팀장님은 반대한다는 소문도 돌았다. 그러나 오 팀장님은 인사위원회에 참여하지 못해서 권한이 없다. 그래서 결국 박 과장이 상을 받을 거라는 예상이 지배적인 상황이다.

본부장님과 오 팀장님은 표면적으로는 별문제 없어 보이지만 서로 대립 관계라는 소문이 자자하다. 그러나 본부장님은 회사 창립 멤버로서 대표님과도 허심탄회하게 대화를 나누는 사이다. 사람들 사이에서는 오 팀장님이 상대를 잘못 골랐다는 이야기도 나온다.

회사는 일만 열심히 하면 되는 곳이어야 하는데 실상은 그렇지가 않다. 사내 정치를 잘하느냐 못하느냐로 앞날이 엇갈린다.

"자네, 도덕경을 읽어보니 어떻던가?"

오 팀장님이 커피를 마시며 물었다. 오 팀장님과 나는 회사 근처를 산책하고 있었다.

"처음에는 무슨 내용인지 잘 모르겠더군요. 그래서 두 번, 세 번 반복해서 읽었더니 조금씩 감이 왔습니다. 읽을 때마다 마음에 와 닿는 내용이 달라지더라고요. 처음 읽을 때는 분명 이런 의미였는데 다시 읽어보면 전혀 다른 의미로 다가오기도 해서 적잖이 당황했습니다."

"그래, 도덕경이라는 책이 그렇지. 내가 도덕경을 읽은 지 벌써 십 년이 되어 가네."

"굉장히 오래되셨네요."

"도덕경을 읽는 모임에 들어갔는데 거기에서 지금의 대표님을 만났지. 서로 공부도 하고 토론도 하고 술도 마시다가 대표님의 권유로 그 당시에 다니던 회사를 그만두고 이 회사에 입사했지. 벌써 이렇게나 시간이 흘렀네."

"그러고 보니 대표님 메일에 도덕경을 인용한 부분이 있던데, 역시 대표님도 오래전에 읽으셨던 거군요."

"나도 그렇지만 대표님은 특히나 도덕경을 좋아하셨지. 읽으면 읽을수록 깊이가 있거든. 우리는 똑같은 장을 놓고도 해석하는 방법이 달라서 시간 가는 줄도 모르고 이야기를 나누곤 했다네."

"……."

"요즘 대표님께서 고민이 많으셔."

"왜죠? 회사는 꾸준히 성장하고 있고 특별히 별다른 문제도 없어 보이는데요."

"초심을 잃었다고 생각하시지. 최근에 청렴 문제를 언급하신 것도 그런 의미일 거야. 경쟁 업체에서 우리 회사의 업무 방식을 가지고 말들이 많거든."

"무슨 문제라도 있는 겁니까?"

"이번에 우리 팀이 사업 예산을 따내는 과정에서 공무원에게 뇌물이 오갔다는 의심을 받고 있어. 이의 신청을 할 모양이야."

"무슨 말도 안 되는……, 하지만 내용적인 측면으로만 봐도 저희 사업이 가장 훌륭한 것은 변하지 않는 사실이지 않습니까."

"맞아. 하지만 그쪽에서는 절차를 문제 삼는 거지. 접대 방식이 공평하지 않았다는 거야. 사업 외적인 부분에서 불이익을 받았다고 생각하는 거지. 그래서 정식으로 이의 신청을 하겠다는 거고, 그래도 안 되면 상급 기관에 민원을 넣겠다고 하고 있어. 담당 공무원이 굉장히 난처한 모양이야."

알고 보니 오 팀장님이 말씀하시는 사업 외적인 부분은 본부장님과 박 과장을 통해서 이루어졌다.

"그리고 포상을 하는 것도 사명감을 가지고 일하는 직원이 회사에 없기 때문이야. 모두가 회사를 위해서 일하고 있다면 굳이 우수한 사원을 뽑을 필요가 없거든. 그러고 보면 예전보다 주인 의식이 많이 사라지긴 했어."

나는 고개를 끄덕였다. 예상했던 대로 도덕경의 18장과 연관된 이야기였다.

"어찌 됐든 회사를 위해 열심히 일한 사람이 상을 받는 건 환영할 일이지, 그렇지만……."

오 팀장님은 말끝을 흐리고는 먼저 사무실로 들어갔다.

나는 남아서 하늘을 올려다보았다. 푸른 하늘에 새하얀 뭉게구름이 바람을 타고 서서히 어디론가 이동하고 있다. 나는 발로는 땅을 딛고 머리로는 하늘을 우러러보면서 한참을 서 있었다.

큰사람은 자신을 드러내지 않는다

"오 팀장, 자네가 양보하지."

"제가 양보할 게 뭐가 있겠습니다. 권한은 인사위원회에 있는데요."

"대표님이 자네에게 의견을 물어볼 게 분명하지 않은가. 그때 한마디만 해달라는 거야."

"본부장님도 아시겠지만 저의 영향력은 그리 크지 않습니다. 오히려 대표님은 본부장님의 말씀을 더 중요하게 생각하실 겁니다."

"어허, 좀 도와달래도. 이번에 자네가 안 도와주면 내 그에 상응하는 조치를 취할 걸세."

"본부장님, 그런 말씀은 말아 주십시오. 저는 원체 대표님과 이야기할 기회가 없습니다. 잘 아시지 않습니까. 그리고 대표님은 제 말을 귀담아듣지도 않습니다."

우연히 본부장님과 오 팀장님이 대화하는 걸 듣게 됐다. 오 팀장님은 어떨 때는 굉장히 똑똑한 것처럼 보이지만 또 어떨 때는 무척 어눌한 것처럼 보이기도 했다. 마치 자신은 아무것도 모른다는 투로 본부장님과 이야기하고 있다. 나는 자리로 돌아와 도덕경을 펼쳤다. 오 팀장님은 마치 도덕경 45장의 내용과 같은 태도로 말씀하셨다.

● **도덕경 45장**

대 성 약 결　　기 용 불 폐
大成若缺 其用不弊

대 영 약 충　　기 용 불 궁
大盈若沖 其用不窮

대 직 약 굴　　대 교 약 졸　　대 변 약 눌
大直若屈 大巧若拙 大辯若訥

크게 이루어진 것은 모자란 것 같으나 그 쓰임은 끝이 없고,
크게 가득 찬 것은 텅 빈 것 같으나, 그 쓰임은 다함이 없다.
크게 곧은 것은 굽은 것 같고, 크게 재주 부린 것은 서툰 것 같고,
크게 말 잘하는 것은 어눌한 것 같다.

그동안 오 팀장님의 언행을 곰곰이 생각해보면 약간 서툴게, 그리고 약간 어눌하게 말씀하시곤 했다. 일부러 분위기를 누그러뜨리려고 그러나 보다 했는데, 45장의 내용이 딱 들어맞았다. 41장에도 비슷한 내용이 나온다.

● **도덕경 41장**

明道若昧　進道若退　夷道若纇

上德若谷　大白若辱　廣德若不足

建德若偸　質眞若渝

大方無隅　大器晚成

大音希聲　大象無形

밝은 도는 어두운 것 같고, 나아가는 도는 물러서는 것 같고,
평탄한 도는 울퉁불퉁한 것 같다.
뛰어난 덕은 골짜기 같고, 크게 흰 것은 더러운 것 같고,
넓은 덕은 부족한 것 같다.
굳은 덕은 보잘것없는 것 같고, 참된 본질은 변하는 것 같다.
큰 네모는 모퉁이가 없고, 큰 그릇은 늦게 이루어지고,
큰 소리는 거의 들리지 않고, 큰 형상은 형태가 없다.

놀라웠다. 사람은 너무 큰 모퉁이를 걸어갈 때 그것이 모퉁이라고 인식하지 못한다. 높은 곳에서 보아야만 그것이 모퉁이라는 것을 안다. 시야를 모두 덮고도 남을 정도의 큰 모양은 일부분밖에 보이지 않기 때문이다. 또한 정말 큰 소리는 사람에게 들리지 않는다. 지구가 내는 소리, 우주가 내는 소리를 듣지 못하는 이유도 그것이 너무 큰 소리이기 때문이다. 이러한 지혜를 그 옛날 사람들은 어떻게 알았을까.

나는 오 팀장님을 다시 보게 됐다. 겉보기에는 평범하고 때로는 어눌하게 보이는 사람이었지만 시각을 달리해서 보니 큰 지혜와 덕이 느껴졌다.

오 팀장님은 이미 십 년 전에 도덕경을 읽었다고 하니 그동안에도 여러 번 생활에 적용하고 마음에 새겼을 것이다. 그것이 생각과 말과 행동으로 발현된 것이리라. 진정으로 책을 생활에 반영하며 실천하는 삶이다. 나는 의자를 뒤로 젖히고 양손을 깍지 낀 뒤 생각에 잠겼다.

"한 과장님 뭐 하세요?"

김 사원이 바짝 다가와 물었다.

"그냥 있어."

나는 아무 일도 없다는 듯 말했다.

"혹시, 소문 들으셨어요?"

"소문? 포상이라면 박 과장이 받을 거라는 이야기는 들었어."

"아니 그게 아니라, 이건 극비인데요."

김 사원이 목소리를 낮추며 말했다.

"뭔데?"

"한 과장님이 받을지도 모른다는 새로운 소문이 돌고 있어요."

"내가?"

"네, 그렇다니까요."

"처음 듣는 소린데?"

"이번 인사위원회부터는 부서장의 추천이 중요한 심사 요인으로 작용한다는 이야기가 있어요. 그런데 오 팀장님이 박 과장님이 아닌 한 과장님을 추천한 거죠."

그때 자리를 비웠던 박 과장이 돌아왔다. 김 사원은 황급히 자기 자리로 돌아갔다.

나로서는 애초에 상을 받겠다는 마음이 없었기 때문에 김 사원의 말에도 감흥이 없었다. 무수한 소문이 꼬리를 물고 여기저기 휘젓고 다닐 뿐이라고 생각했다. 정말 박 과장이 받아도 상관없다. 비록 그가 먼저 차장으로 승진한다고 해도 팀이 바뀔 터이니 문제가 되지 않는다. 물론 나도 승진하고 싶고 상금도 받고 싶다. 그러나 결정은 회사가 하는 것이다. 회사에 도움이 되는 인물이 더 빨리 승진하는 게 당연하다. 하지만 박 과장은 심기 불편한 일이 있는지 서류를 툭툭 던지며 정리했다. 그러고는 내게 다가왔다.

"한 과장님 너무하는 거 아닙니까? 비겁한 것도 정도가 있지. 가만히 있는 것처럼 보이더니 뒤로는 온갖 술수를 부렸더군요. 하지만 마음대로는 안 될 겁니다. 저도 나름대로 다 믿는 바가 있어요."

나는 딱히 할 말이 없어서 조용히 자리를 떴다.

탐내는 사람과 감내하는 사람

엘리베이터를 타자 구두 문제로 나와 언쟁을 벌였던 구두 수선사 아저씨가 타고 있었다. 나는 순간 멈칫했지만 마음을 가다듬고 정중하게 인사했다. 아저씨도 멋쩍어 하면서 인사를 받았다.

"저번에는 실례가 많았습니다. 제가 오해가 있었던 듯하니 마음에 담아두지 마십시오."

"아, 별말씀을요. 오히려 제가 죄송했습니다. 다음에는 공짜로 밑창 한 번 갈아드릴 테니 꼭 말씀해주세요."

우리는 서로를 보며 웃었다. 그동안 마음속에서 아저씨를 미워하는 마음과 나를 질책하는 마음이 떠나지 않았는데, 방금 전 대화로 한결 가벼워졌다. 아저씨도 마찬가지일 것이다. 건물 밖으로 나가자 마치 기다렸던 것처럼 시원한 바람이 불어왔다. 옷깃이 바람에 펄럭였다. 나는 주머니에 손을 찔러 넣고 회사 주변을 걸었다. 많은 사람이 굳은 얼굴을 하고는 어디론가 바쁘게 움직이고 있다. 그들 모두 오색과 오음과 오미에 취해 눈이 멀고, 귀가 먹고, 입이 어긋나 있는 것 같았다.

나는 서점으로 들어갔다. 지식을 전달하려는 책들이 산더미처럼 쌓여 있다. 모든 책을 읽어보고 싶다는 생각이 들었다. 그러나 늙어 죽을 때까지도 불가능할 것이다. 나는 고전 코너로 가서 도덕경 두 권을 산 뒤 사무실로 돌아왔다.

마침 박 과장과 김 사원이 자리에 있었다. 나는 둘에게 도덕경을 한 권씩 나누어주었다.

"시간 나면 읽어봐. 서점에 갔는데 자네들이 생각나서 사 왔어."

나는 머리를 긁적이며 말했다.

"아, 이게 대표님 메일에 인용됐던 도덕경이라는 책이군요. 저도 궁금해서 읽어볼 생각이었는데, 잘 됐네요. 고맙습니다. 잘 읽겠습니다."

김 사원은 무척 즐거운 표정으로 책을 받아 들고는 차례를 살펴보았다. 아마 대표님이 인용한 구절을 찾아보려는 것 같았다.

"18장일 거야. '대도가 무너지니 인과 의가 생겨난다'라는 구절이 나오는 장이야."

"아, 그러네요. 정말 좋은 말입니다. 육친이 화목하지 못하니 효도와 자애가 생겨난다. 나라가 혼란스러우니 충신이 생겨난다."

김 사원은 책을 이리저리 살펴보았다. 그러나 박 과장은 달랐다.

"쓸데없이 그런 책을 뭐 하러 봅니까."

박 과장은 책을 구석으로 던지듯 밀어 넣었다. 나는 자리로 돌아와 업무를 봤다. 박 과장은 말은 그렇게 해도 언젠가는 책을 펼쳐볼 것이다.

퇴근 후 회식을 했다. 메뉴는 소고기. 오랜만의 팀 회식이다.

"프로젝트 끝나고 우리끼리 회식도 못 했네. 자, 그동안 고생들 많았어. 오늘은 마음껏 먹고 마시라고. 건배!"

오 팀장님의 건배사에 맞춰 일제히 잔을 부딪쳤다.

"제가 듣기로는 곧 대규모 조직 개편과 인사 발령이 있다고 하던데요."

박 과장이 잔을 비우고 말했다.

"한창 작업이 진행 중이라는 이야기는 들었어."

"이번 포상자에게 새로운 팀의 팀장 자리를 맡긴다면서요."

"맞아. 회사에서 기대하는 바가 그만큼 크다는 거지."

"우와, 정말 대단한데요. 진급도 하고, 상금도 받고, 팀장도 되고. 이번 포상은 그 어느 때보다도 풍성하네요."

박 과장과 오 팀장님의 대화에 김 사원이 끼어들었다.

"그래서 나도 기대하는 중이야. 공교롭게도 우리 팀에서 한 과장하고 박 과장이 포상 후보로 올라가 있지 않은가."

오 팀장님은 술잔을 들었다. 우리도 술잔을 들었다. 다시 한 번 잔을 부딪쳤다.

"그런데 박 과장은 매번 그런 정보를 어디서 얻는 거야? 웬 만해서는 알아내기 힘든 정보들인데."

"별거 아닙니다. 나름대로 여기저기 정보원을 심어놨습니다."

"그래, 알아본 바로는 이번에 누가 상을 받게 된다든가?"

"그게 아직 확정되지는 않은 것 같습니다. 인사위원회는 개 최가 됐는데 최종 결정은 대표님께서 하신다는 모양입니다."

"정말 잘 아는구먼. 하하하. 정보력이 대단해."

"한 과장님은 뭐 들으신 거 없으세요?"

박 과장이 내게 물었다.

"글쎄, 나는 아는 게 없어. 내가 받으면 좋겠지만 박 과장이 받아도 좋을 것 같아. 그동안 박 과장도 고생이 많았잖아. 회사 에 기여한 것도 많고."

"한 과장님이 그렇게 말씀해주시니까 몸 둘 바를 모르겠습니다. 제가 한 잔 따르겠습니다."

박 과장은 내 잔에 술을 따르면서 말했다.

"아무튼 제가 받더라도 너그러운 마음으로 이해해주십시오. 하하하."

나는 말없이 고개를 끄덕이며 박 과장의 술을 받았다. 회사의 입장에서 생각해보면 박 과장처럼 야망 있는 친구가 승진하는 게 더 나을지도 모른다. 팀장 역할도 잘 할 것 같았다. 무엇보다도 추진력만큼은 탁월하니까.

"사장님, 여기 고기 추가요."

김 사원이 고기를 더 시켰다. 시끌벅적하게 이야기를 나누다 보니 어느새 일어날 때가 됐다. 오 팀장님이 계산하려고 하자 박 과장이 막았다.

"팀장님, 오늘은 제가 계산하겠습니다."

"아니, 자네가 왜."

"제가 거래처에 연락을 해두었습니다. 곧 와서 계산할 겁니다. 걱정하지 말고 저희는 그냥 2차나 가죠."

"아니, 거래처에서 왜 우리 팀 회식비를 계산한다는 거야."

"다들 그렇게 하잖아요. 원래 그런 거 아니겠습니까. 표 나는 일도 아닙니다. 우리는 즐거운 마음으로 2차나 가죠. 2차

계산도 그쪽에서 하는 거로 다 이야기해놓았습니다.”

그때 마침 거래처에서 사람이 왔다.

“어, 잘 부탁해. 얼마 안 나왔을 거야.”

박 과장이 거래처 사람에게 빨리 계산하라는 손짓을 했다.

“이게 무슨 짓인가?”

오 팀장님이 큰소리로 박 과장을 꾸짖었다. 박 과장은 영문을 모르겠다는 표정이었다. 오 팀장님은 거래처 직원을 돌려보냈고 회식은 그 자리에서 끝이 났다.

4장

깨달음
그리고 다시 다가온 말들

다른 사람의 생각에 신경 쓰면
영원히 그 사람이라는 감옥에서 벗어나지 못한다.

인간, 우주를 품은 티끌

천지 만물이 시작될 때 나는 하나의 티끌이었다. 독립된 하나이자 모든 우주 만물과 다르지 않은 하나이다. 아니, 나는 티끌이기 전에 태초의 도, 그 자체이기도 하다. 절대적인 무에서 하나의 티끌이 됐고 점점 분화해 나와 같은 티끌을 끊임없이 만들어냈다. 나와 전혀 다른 것도 만들어냈다. 그 변화가 미묘하고 변화무쌍해 스스로 보기에도 전혀 다른 나로 보였다.

마침내 내가 우주 전체에 퍼지자 온갖 조화를 이루었다. 다른 우주에 있는 것들이 나의 우주로 들어왔고 나의 우주에 있는 것들도 다른 우주로 나아갔다. 우주와 우주가 서로 합쳐지면서 엄청난 에너지와 헤아릴 수 없는 변화가 의식 안팎에서 창조됐다.

이는 순간이라고 할 수도 있고, 영원이라고 할 수도 있다. 오직 공간만이 홀로 존재했다. 시간이라는 개념은 아직 생겨나지 않았다. 지금에 와 되돌아보니 모든 것이 태초의 오직 그 한순간이었음을 알게 됐다. 시간도 없고 개념도 없고 무와 유의 차이에 대한 인식도 없는 오직 순수와 공허만이 존재하던 그때.

이러한 과정은 도가 있기 때문에 가능했다. 나는 내 안에 아무것도 가지지 않았고 내 밖의 무엇과도 연결되지 않았다. 그러나 나는 내 안에 모든 것을 가졌고 내 밖에 있는 모든 것이 곧 나였다. 나는 나를 가득 채웠지만 영원히 채워지지 않는 빈 것으로 존재하기도 했다. 그래서 나는 세상 어디에나 있고 세상 어디에도 존재하지 않았다.

● 도덕경 4장

道 沖而用之 或不盈 淵兮似萬物之宗

도는 텅 비어 있어서 아무리 써도 가득 차지 않으니,
깊고 깊어 만물의 근본과 같다.

그래서 사람들은 나의 존재를 알기도 하고 모르기도 한다. 나를 보는 자는 도에 가까운 사람이고 나를 보지 못하는 자는 도와 거리가 먼 사람이다. 나를 보는 자는 우주의 순리를 거스르는 신과 같은 자이고 나를 보지 못하는 자는 그저 우주의 순리대로 살아가는 티끌과 같은 존재다. 그러나 티끌이 태초의 나라면, 내가 변화해 신이 되고 우주 만물이 됐으니 아무리 티끌이라고 해도 그것은 신성한 존재다. 언제든 도와 하나가 될 수 있는 존재로서 살아간다.

● **도덕경 4장**

_{오 부 지 수 지 자 상 제 지 선}
吾不知誰之子 象帝之先

누구의 자식인지 나는 알지 못하지만,
상제(신)보다 먼저인 것 같다.

도는 신의 출현 이전부터 존재했으며 지금도 신과 함께 세상 만물에 존재한다. 그것은 자연스러운 일이다. 도는 신이 되고 세상 만물이 됐다. 그러니 도는 언제나 우리 주위에 존재하고 우리는 언제든 도를 만날 수 있다. 다만 우리가 텅 빈 존재여야만 도와 가까워질 수 있다.

오로지 호흡만을 의식하는 일념에서 시작된 나의 명상은 무념무상無念無想의 경지로 나아갔다. 아무 생각도, 아무 마음도 없는 상태. 그 상태 속에서 나는 세상을 잊었다. 호흡하는 것도 잊었다. 마침내 내가 존재한다는 것도 잊었다. 내가 있는지도 없는지도 모르는 텅 빈 공허에서 온갖 존재와 비존재를 인식하지 않으면서도 동시에 그것들을 인식했다.

그것은 말로도, 글로도 설명할 수 없는 그야말로 묘사 불가능한 것이다. 그리고 나는 마침내 도의 근원을 접했다. 그것은 인위가, 작위가, 유위가 아닌 그야말로 무위로 존재할 수밖에 없는 것이다. 내가 아닌 내가 되어, 아무런 걸림 없이 자연스럽게 도를 접했다.

나는 명상을 마치고 한참을 앉아 있었다. 온몸에서 촉촉하게 땀이 배어났다. 바람이 불지도 않았는데 청량감이 온몸을 휘감았다.

'이것은 어떤 경지인가. 나는 누구이고 여기는 어디인가.'

잠시 정신이 아득해졌다. 나를 잊었지만 곧 다시 나로 되돌아왔다. 저절로 세상의 이치를 알 것만 같았다. 모든 것이 연결되어 있고 모든 것이 서로에게 영향을 준다는 사실을 자연스럽게 느꼈다. 본래부터 알던 것이었으나 세상의 때가 끼어 인식하지 못했다.

'이것이 바로 참 명상이구나.'

나는 도덕경 47장의 의미를 깨달았다.

● **도덕경 47장**

불 출 호　지 천 하　불 규 유　견 천 도
不出戶 知天下 不闚牖 見天道

기 출 미 원　기 지 미 소
其出彌遠 其知彌少

시 이 성 인 불 행 이 지
是以聖人不行而知

불 견 이 명　불 위 이 성
不見而名 不爲而成

문밖을 나가지 않고도 천하를 알고,
창문을 내다보지 않고도 하늘의 도를 본다.
멀리 나갈수록 앎은 적어진다.
이러한 이유로 성인은 행하지 않고도 알고,
보지 않고도 이름을 알며, 하지 않고도 이룬다.

　나는 마치 맑고 차가운 연못을 들여다보는 것처럼 머리가
투명하고 상쾌했다. 두통이 뿌리째 뽑혀 사라져버렸고 헛된
망상과 무의식의 상념이 말끔히 제거됐다. 맑고 밝은 밤하늘
의 우주처럼 광대하고 순수하고 그 깊이를 헤아릴 수 없는 경
지에 이르렀다.

'이를 두고 깨달았다고 하는 것인가.'

나는 비로소 도덕경의 전체적인 흐름과 맥락을 깨달았다. 도의 흐름을 있는 그대로, 보는 그대로, 느끼는 그대로 표현하게 됐다.

2,500년 전 노자는 도덕경을 통해 자신의 깨달음을 후세에 전했다. 나는 감사한 마음에 절로 고개가 숙여졌다. 노자가 함곡관 서기에게 전한 진리를 2,500년 후의 내가 고스란히 깨달았다는 신비함에 몸이 떨렸다. 말로는 설명할 수 없고 억지로 알게 해줄 수도 없는 기분이다.

'만약 도덕경이 없었다면 난 어떻게 살았을까.'

나는 두 손을 가슴에 모으고 상체를 숙여 깊은 감사를 표했다. 그것은 어떤 대상에게 하는 행위가 아니었다. 대상이 존재하는 순간 그것은 이미 올바른 도가 아니다. 그런 의미에서 지구상에 존재하는 수많은 신은 이미 의미를 상실했다.

우리가 언어의 분별로 그들을 신으로 인식하는 순간, 신은 신이 아닌 존재가 된다. 그러나 어떻게 생각하면 그것은 그 나름의 의미가 있다. 그들도 그들의 방식으로 티끌과 하나 되기 위해 노력하는 것이다. 도덕경 56장에서 이것을 비슷하게 설명한다.

^{지 자 불 언 언 자 부 지}
知者不言 言者不知
^{새 기 태 폐 기 문}
塞其兌 閉其門
^{좌 기 예 해 기 분}
挫其銳 解其分
^{화 기 광 동 기 진 시 위 현 동}
和其光 同其塵 是謂玄同
^{고 불 가 득 이 친 불 가 득 이 소}
故不可得而親 不可得而疏
^{불 가 득 이 리 불 가 득 이 해}
不可得而利 不可得而害
^{불 가 득 이 귀 불 가 득 이 천}
不可得而貴 不可得而賤
^{고 위 천 하 귀}
故爲天下貴

아는 사람은 말하지 않고, 말하는 사람은 알지 못한다.
구멍을 막고, 문을 닫으며, 날카로움을 꺾고, 어지러움을 풀며,
빛을 조화롭게 하고, 티끌과 하나가 되니 이를 현묘한 하나됨이라 이른다.
그러므로 가까이 할 수도 없고 멀리 할 수도 없으며,
이롭게 할 수도 없고 해롭게 할 수도 없으며,
귀하게 할 수도 없고 천하게 할 수도 없으니, 천하의 귀함이 된다.

창밖으로 붉은 태양이 마치 내 명상을 아는 것처럼 힘차게

떠올랐다. 나는 천지의 장구함을 온몸으로 느끼면서 티끌과도 같은 눈앞의 일을 생각했다. 태양과 티끌도 결국에는 동일한 존재다. 도는 분별이 존재하는 세상에서 분별이 없는 상태를 추구하는 것이며, 그것이 바로 도를 따르는 삶이다.

세 가지 보물과 세 번째 축복

깊은 명상을 통해 도의 일부나마 체험한 나는 많은 면에서 달라졌다. 어떤 사람은 나를 다른 사람처럼 보기도 했다. 아닌 게 아니라 내가 봐도 여러 가지 측면이 변했다. 물론 육체적으로는 여전히 나로 존재하지만 정신은 확연히 달라져서 물리적인 나를 제외하면 전혀 다른 사람이라고 봐도 무방했다.

첫째, 단순해졌다. 예전에는 어떤 문제가 발생하면 여러 가지를 고려했다. 내게 이로운 일인가, 다른 사람에게는 어떤 영향을 미칠까, 내가 이렇게 또는 저렇게 행동하면 사람들은 나를 어떻게 볼까 등 수많은 요소에 가로막혔다. 하지만 이제는 그렇지 않다. 모든 문제를 판단하는 기준이 단 하나로 통일됐다.

하나의 사건을 도의 관점에서 바라보았을 때 어떠한 의미를 지니는지를 기준으로 생각하고 행동한다. 도의 뜻에 따라 문제를 이해하는 것이 가장 자연스럽고, 안정적이며, 확실하기 때문이다.

둘째, 겸손해졌다. 예전에는 내가 조금이라도 아는 부분이 있으면 열변을 토하며 주장했지만 지금은 내가 아는 것이 일부분에 지나지 않는다는 사실을 깨달아 가볍게 말하지 않는다. 사람을 대할 때도 우선 겸손하려고 하고 항상 공부하는 자세를 지니게 됐다 .

셋째, 넓고 깊어졌다. 사람과 사물을 대할 때 무엇보다도 중요한 것은 본질이다. 천지와 같은 모습, 물과 같은 흐름을 본받을 때 본질은 넓고 깊어진다. 그것이 도를 따르는 인간의 참모습이다. 넓은 마음, 깊은 마음을 지니려고 노력하다 보니 내 주변 공기부터 달라졌다. 미묘하게 부드러워졌다는 이야기를 자주 듣는다.

이제 가족을 살펴야 한다. 가화만사성家和萬事成이라 하지 않던가. 드디어 가훈을 정할 때가 온 것이다. 도덕경 67장에 나오는 세 가지 보물이라는 뜻의 삼보三寶처럼 나도 우리 가족의 보물이 될 가훈을 정하고 싶다.

● 도덕경 67장

我有三寶 持而保之 一曰慈 二曰儉

三曰不敢爲天下先

慈 故能勇 儉 故能廣

不敢爲天下先 故能成器長

今舍慈且勇 捨儉且廣 捨後且先 死矣

내게 세 가지 보물이 있어 지니고 보존하는데,
첫째는 자애로움이요, 둘째는 검소함이요,
셋째는 감히 천하에 먼저 나서지 않음이다.
자애롭기 때문에 능히 용감할 수 있고,
검소하기 때문에 능히 넓어질 수 있고,
감히 천하에 앞서지 않기 때문에 능히 완숙한 경지로 나아갈 수 있다.
자애로움을 버리고 용감하기만 하고, 검소함을 버리고 넓어지려고 하고,
뒤로 물러섬을 버리고 앞에 나서려고만 하면, 결국 죽음뿐이다.

그러나 가훈을 정하는 것은 생각보다 쉬운 일이 아니었다. 가족이 언제나 도와 함께 하는 삶을 살도록 하고 며칠 전에 함께 모여 이야기한 지극히 사소한 것들을 다 포용하면서도 천하와 같이 크고 넓은 가치가 담긴, 마땅한 단어가 떠오르지 않았다. 그런 게 있기나 한 걸까. 나는 깊이 고민했다. 그러다 몇

개의 단어가 번뜩 떠올랐다. 수도修道와 적덕積德과 허심虛心이었다.

수도는 도를 닦고 따른다는 의미이고, 적덕은 덕을 두터이 쌓는다는 의미이며, 허심은 비움에 이르고 고요를 지키라는 의미이다. 흡족했다. 무엇보다도 도와 덕과 마음이 들어간 것이 좋았다. 노트를 들고 아내에게 가서 의견을 물었다.

"아이들이 이해하기에는 좀 어렵지 않을까요?"

아내가 노트를 보면서 말했다. 그러나 입가에는 미소가 번졌다.

"그렇긴 하지. 하지만 지금 당장은 아니어도 곧 이해하게 될 거야."

나는 결심을 굳혔다. 도를 따르고 덕을 쌓아나가면 우리 가족에게 위험한 것이 범접하지 못하고 범접한다 해도 무위의 지혜가 지켜줄 것 같았다. 나는 가훈을 인쇄한 다음 액자 세 개에 넣고 거실과 안방, 아이들 방에 하나씩 걸었다.

거실에 걸린 가훈을 보니 흡족했다. 액자로부터 풍기는 밝은 기운이 온 집 안 곳곳에 스며드는 것 같았다. 나는 작은 사이즈로도 인쇄한 다음, 반으로 접어 셔츠 주머니에 넣었다. 언제든 손쉽게 꺼내어 보기 위해서였다. 이제 도덕경의 삼보처럼 우리 집에도 세 가지 보물이 생겼다.

아내가 병원에 간 사이 나는 아이들에게 가훈을 설명했다. 아이들은 심각한 표정으로 골똘히 그 의미를 생각했다.

"어때 무슨 뜻인지 알겠어?"

"잘 모르겠어."

큰아이가 미간을 찌푸리며 말했다.

"적덕은 착한 일을 하라는 의미이고 허심은 집착을 하지 말라는 말이야."

"집착이 뭐야?"

작은아이가 물었다.

"집착은 내가 꼭 가져야 한다고 생각하는 마음이야."

"과자 먹을 때 나 혼자 먹으려고 하는 것처럼?"

"그래 바로 그거야. 그런 마음이 좋은 마음일까, 나쁜 마음일까?"

"나쁜 마음!"

"맞아. 그런 마음을 갖지 않는 게 바로 허심이야."

아이들은 이해하는 것 같기도 하고 이해하지 못하는 것 같기도 했다. 하기야 큰아이는 그럭저럭 알아듣겠지만 둘째에게는 아직 무리다.

때마침 아내가 병원에서 돌아왔다. 그런데 약간 상기된 표정이었다.

"당신 병원에는 왜 다녀온 거야?"

나는 그제야 아내가 병원에 간 이유를 물었다.

"아이들이 우리가 정한 가훈을 좋아할까요?"

아내는 내 말에 대답하는 대신 가훈 이야기를 했다.

"물론이지. 당신이 병원에 간 사이에 내가 잘 설명해줬어. 아이들도 대충은 이해하는 것 같았어."

"만약 한 명의 아이가 더 생긴다고 해도요?"

"그건 나도 잘 모르지."

나는 아무 생각 없이 대답했다. 그러다 곧 머릿속이 하얘졌다. 나는 아내의 얼굴을 빤히 쳐다만 봤다.

"그래요, 임신이래요. 이제 우리 가족은 모두 다섯이에요."

나는 아내를 껴안으며 말했다.

"셋째 이름은 뭐라고 하지?"

"벌써 이름부터 지으려고요?"

"태명이라도 있어야지. 뭐가 좋을까."

나는 불현듯 이름이 떠올랐다.

"그래, 바로 이거야."

"뭔데요?"

"허심으로 부르자. 집에서는 아이들을 아명兒名으로 부르는 거야. 첫째는 수도, 둘째는 적덕, 셋째는 허심. 어때?"

"수도, 적덕, 허심. 그럴듯한데요?"

그렇게 우리 집 아이들의 아명이 정해졌다. 이름을 부를 때마다 우리는 가훈을 생각할 것이다. 이렇게 억지로 꾸미지 않고 자연스럽게 이루어지는 것이 바로 무위일 것이다. 나는 수도와 적덕을 큰 소리로 불렀다. 이제 앞으로 태어날 동생 허심에 대해 알려주기 위해서.

또 다른 문이 열리다

　결국 창립 십 주년 포상은 내가 받게 되었다. 모든 직원이 모인 강당에서 대표님이 내게 상패와 꽃다발을 수여했다. 많은 사람이 내게 축하 인사를 보냈다. 특히 오 팀장님이 자신의 일처럼 기뻐해줬다.

　나는 상패와 꽃다발을 들고 관객석을 향해 허리를 숙여 인사했다. 홍보 팀의 사진 담당이 연신 카메라 셔터를 눌렀다. 단독 사진도 찍고 대표님과 기념 촬영도 했다. 다음 달 사보에 메인으로 실린다고 한다. 사무실에 돌아오자 박 과장은 떨떠름한 표정을 지었다. 그러나 마지못해 내게 손을 내밀었다.

　"축하합니다. 한 과장님. 아니, 이제 한 차장님이 되겠네요."

"고마워, 박 과장. 사실 박 과장이 받아도 전혀 이상할 것이 없었는데."

"아닙니다. 물론 제가 받았으면 좋았겠지만 한 과장님이 받아도 전혀 손색없습니다."

나는 포상 수여 당일에야 내가 수상자라는 사실을 알게 되었다. 직전까지 박 과장과 내가 엎치락뒤치락했다는 이야기를 들었다. 최종 점수가 불과 1~2점 차이밖에 나지 않았고, 마지막 결정은 대표님께서 하셨다고 한다. 본부장님의 박 과장 밀어주기가 굉장해서 대표님도 고민이 많았다는 후문이다.

나는 상패와 꽃다발을 책상에 올려놓고 작게 한숨을 쉬었다. 책상 위에는 갖가지 서류가 쌓여 있었다.

'휴, 이렇게나 많은 서류를 매일 집중해서 본 보람이 있는 건가.'

기쁨이 잦아들고 이상하게도 연민이 느껴졌다.

'도대체 나는 무엇 때문에 이렇게 좁은 자리에서 매일 쉬지도 않고 일해왔을까.'

다시 과거의 혼란스러운 감정이 되살아났다.

"한 과장, 축하해."

오 팀장님이 간부 회의를 마치고 사무실로 들어오자마자 나를 두 팔로 안았다.

"감사합니다, 팀장님."

"지금 이야기를 듣고 왔는데 이번 주에 발령이 날 모양이야. 곧 새로운 팀이 꾸려지기로 했고, 거기에 한 과장이 팀장으로 갈 거야. 물론 차장 승진 인사도 같이 날 거고. 다들 저녁 시간 비워둬. 축하 회식이라도 해야지. 하하하."

오 팀장님은 마치 자기 일처럼 기뻐했다.

나는 잠시 사무실 밖으로 나와서 아내에게 전화를 걸어 소식을 전했다. 아내는 집에 경사가 넘친다며 기뻐했다.

"어쩜, 요즘 이렇게 좋은 일만 생기죠?"

"이게 다 당신이 도덕경을 내게 건네준 덕분에 일어난 일들이야."

"그게 왜 도덕경 덕분이겠어요. 당신이 잘해서 그런 거죠."

아내는 그렇게 말했지만, 사실 얼마 전까지만 해도 매일 반복되는 지겨운 일상을 어떻게든 견뎌내는 것이 나의 중요한 과제였다. 이렇게나 달라질 수 있었던 것은 역시 아내가 준 도덕경으로부터 시작되었다는 생각이 들었다.

"그런데 당신 말이야, 어떤 생각으로 내게 도덕경을 준 거야?"

"저도 모르겠어요. 원래는 제가 읽어보려고 했던 거예요. 가방 속에 넣고는 한동안 잊고 있었는데, 갑자기 내가 읽는 것보다는 당신에게 더 필요하겠다는 생각이 들었죠. 그래서 줬어요. 별다른 생각은 없었어요."

"역시 아무 생각 없었던 건가?"

"네, 아무 생각 없었죠. 그냥 자연스럽게 줬던 거예요."

"역시, 당신은 무위를 자연스럽게 실천하는 사람이야. 하하하."

아내와 나는 전화기에 대고 서로 웃었다.

세상은 그런 것 같았다. 무엇을 억지로 하려고 하면 오히려 실패하는 경우가 많다. 그저 무심하게 몰입할 때가 예상외로 좋은 결과를 가져온다. 도덕경 23장과 63장의 구절이 떠올랐다.

● **도덕경 23장**

고 표 풍 부 종 조　　취 우 부 종 일
故飄風不終朝 驟雨不終日

회오리바람은 아침 내내 불지 못하고, 소나기는 하루 종일 내리지 못한다.

● **도덕경 63장**

위 무 위
爲無爲

하되 하지 않은 것처럼 하라.

불교 초기 경전인 숫타니파타에는 이런 구절이 나온다.

'홀로 행하고 게으르지 말며 비난과 칭찬에도 흔들리지 마라. 소리에 놀라지 않는 사자처럼 그물에 걸리지 않는 바람처럼 진흙에 더럽히지 않은 연꽃처럼 무소의 뿔처럼 혼자서 가라.'

이처럼 그 어떤 것에도 흔들리지 않고 자신의 도를 닦고 덕을 쌓으며 마음을 비우는 사람이 되어야 한다. 삶의 참다운 의미는 그곳에 있다. 세상의 모든 것은 조금만 지나면 의미가 퇴색된다. 그러한 것을 본받지 않고 변하지 않는 삶의 의미를 찾아내 살아가야 한다.

자리로 돌아오자 오 팀장님께서 내 자리에 한 뭉텅이의 서류를 놓고 계셨다.

"팀장님, 이 서류들은 다 뭡니까?"

"자네 팀에서 진행할 프로젝트 서류들이야. 미리 살펴보면 도움이 될 걸세."

"벌써 새로운 일이 기다리고 있군요."

"그래, 인생이 그렇지. 한 고개 넘기면 바로 다음 고개가 보이는 게 인생이라네."

그렇다. 우리가 어떻게 앞날을 예측할 수 있겠는가. 우리가 할 수 있는 일이라고는 고작 미래를 위해 작은 씨앗을 심는 일뿐이다.

나는 갑자기 분주해졌다. 오 팀장님이 건네준 자료를 살펴보고 내용에 맞게 분류했다. 팀 이동을 대비해 그동안 미뤄뒀던 자리 정리도 했다.

과연 내 팀원은 누구일까. 굉장히 궁금했다. 하나 확실한 것은 나는 팀원들에게 제일 먼저 도덕경을 선물할 것이다. 물론 읽든지 안 읽든지 상관없다. 때가 되면 모든 일은 무위로 자연스럽게 이루어질 테니까.

"한 과장님, 뭐가 그리 바쁘세요?"

박 과장이 지나가다가 툭 하니 말을 던졌다.

'그러게, 나 왜 이렇게 바쁘지?'

속으로 그렇게 생각했다. 하지만 바쁘다는 생각 없이 그저 눈앞의 일을 하나씩 처리해나가면 된다. 어차피 눈앞의 문제를 해결하면 기다렸다는 듯이 다음 문제가 등장할 것이다. 앞으로도 모든 일이 그렇게 내게 다가왔다가 다시 멀어져 갈 것이다. 그것이 인생이다. 삶은 그렇게 이루어져 있다. 피하거나 두려워하거나 외면할 필요는 없다. 그저 받아들이려는 마음 없이 받아들이면 된다.

나는 다가올 미래에 대비하기 위해 도덕경 54장의 구절을 떠올리며 마음을 다잡았다.

● **도덕경 54장**

<ruby>修<rt>수</rt></ruby><ruby>之<rt>지</rt></ruby><ruby>於<rt>어</rt></ruby><ruby>身<rt>신</rt></ruby> <ruby>其<rt>기</rt></ruby><ruby>德<rt>덕</rt></ruby><ruby>乃<rt>내</rt></ruby><ruby>眞<rt>진</rt></ruby>

修之於身 其德乃眞

修之於家 其德乃餘

修之於鄉 其德乃長

修之於國 其德乃豊

修之於天下 其德乃普

몸을 닦으면 그 덕이 참되고, 가정을 닦으면 그 덕이 여유가 있고,
마을을 닦으면 그 덕이 자라나고, 나라를 닦으면 그 덕이 풍족하고,
천하를 닦으면 그 덕이 두루 미친다.

'그래, 올 테면 와라. 모든 것을 다 받아주마. 나는 더 이상
자신을 잃거나 허둥지둥 급급해하지 않을 것이다. 나는 위대
한 도덕경의 지혜를 깨달은 사람이 아닌가.'

나는 두 팔을 하늘로 높게 펼쳐 들고 한껏 기지개를 켰다.

이 이야기를 모두 읽은 당신은 지금 어떤 마음일지 궁금합니다. 주인공처럼 삶의 변화를 위해 무언가를 결심했을지도 모르지요. 그러나 그럴 필요는 없습니다. 무언가를 이루겠다는 결심은 진정한 의미의 변화와는 거리가 있습니다. 순간의 의지로 당장의 성과는 낼 수 있겠지만 근본적인 변화를 이끌어내지는 못합니다. 이내 다시 원래 상태로 되돌아가게 되지요. 또한 자신을 몰아세워 얻어낸 의지는 양날의 검과도 같아서 우리를 한순간에 좌절로 고꾸라뜨릴 수도 있습니다. 곧은 것은 그만큼 쉽게 부러지기 때문입니다. 그렇기에 우리가 이루어내야 하는 것은 단순한 성과가 아닌 본질적인 변화여야 합니다.

주인공 역시 『도덕경』을 읽고 삶의 변화를 이루어내지만 실제로 변한 것은 외적인 변화가 아닌 내면의 변화입니다. 욕망과 집착을 기반으로 한 행위에서 벗어나, 고착되지 않은, 무언가 하려는 마음 없이 살아가는 방법을 깨달은 것입니다.

그러나 우리는 유위의 세계에 살고 있습니다. 무위의 경지로 나아가기 위해서는 유위의 시기를 거쳐야만 하지요. 그래서 사람들은 결심하고, 좌절하고, 다시 딛고 일어나기를 반복합니다. 만약 유위와 무위의 마음을 적절히 사용할 수만 있다면 매순간 물처럼 변화하는 삶을 살 수 있겠지요.

그렇다고 우리가 꼭 주인공처럼 살아야 하는 것은 아닙니다. 이야기는 이야기일 뿐 각자의 생활에서 각자의 방식으로 변화를 이끌어내면 됩니다. 당신 세계의 주인은 오직 당신뿐이니까요.

살아가다 보면 보이는 것과 보이지 않는 것 중에서 하나를 선택해야 할 때가 있습니다. 그때, 언제나 보이지 않는 것을 먼저 선택해주시길 바라는 마음을 전하며 글을 마치겠습니다. 책을 읽어주셔서 감사합니다. 당신의 자유로운 삶을 응원하겠습니다.

2016년 12월
김종건

비움으로써 채우는 천년의 지혜, 노자 도덕경

노자의 인간학

초판 1쇄 인쇄 2023년 1월 29일
초판 3쇄 발행 2024년 2월 1일

지은이 김종건
펴낸이 김선식

부사장 김은영
콘텐츠사업본부장 박현미
콘텐츠사업4팀장 임소연 **콘텐츠사업4팀** 황정민, 박윤아, 옥다애, 백지윤
마케팅본부장 권장규 **마케팅1팀** 최혜령, 오서영, 문서희 **채널1팀** 박태준
미디어홍보본부장 정명찬 **브랜드관리팀** 안지혜, 오수미, 김은지, 이소영
뉴미디어팀 김민정, 이지은, 홍수경, 서가을, 문윤정, 이예주
크리에이티브팀 임유나, 박지수, 변승주, 김화정, 장세진, 박장미, 박주현
지식교양팀 이수인, 염아라, 석찬미, 김혜원, 백지은
편집관리팀 조세현, 김호주, 백설희 **저작권팀** 한승빈, 이슬, 윤제희
재무관리팀 하미선, 윤이경, 김재경, 이보람, 임혜정
인사총무팀 강미숙, 지석배, 김혜진, 황종원
제작관리팀 이소현, 김소영, 김진경, 최완규, 이지우, 박예찬
물류관리팀 김형기, 김선민, 주정훈, 김선진, 한유현, 전태연, 양문현, 이민운
외부 스태프 일러스트 최광렬

펴낸곳 다산북스 **출판등록** 2005년 12월 23일 제313-2005-00277호
주소 경기도 파주시 회동길 490 다산북스 파주사옥 3층
전화 02-702-1724 **팩스** 02-703-2219 **이메일** dasanbooks@dasanbooks.com
홈페이지 www.dasanbooks.com **블로그** blog.naver.com/dasan_books
용지 · **인쇄** · **코팅 및 후가공** · **제본** 북토리

ISBN 979-11-306-1054-2 (03190)

다산북스(DASANBOOKS)는 독자 여러분의 책에 관한 아이디어와 원고 투고를 기쁜 마음으로 기다리고 있습니다.
책 출간을 원하는 아이디어가 있으신 분은 다산북스 홈페이지 '원고투고'란으로 간단한 개요와 취지, 연락처 등을
보내주세요. 머뭇거리지 말고 문을 두드리세요.